KB122139

4차 산업혁명이 바꾸는 직업의 미래

인공지능시대
우리아이
뭐 먹고
살지
?

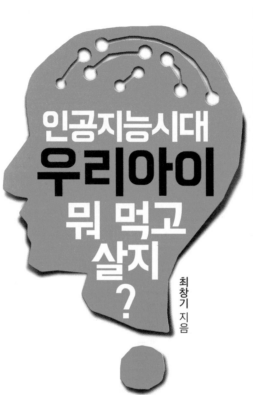

4차 산업혁명이 바꾸는 직업의 미래

인공지능시대
우리아이
뭐 먹고
살지
?

최창기 지음

나무와바다

윤영, 승혁에게

<u>들어가는 글</u>

    엄마도 아빠도 바쁘다. 해야 할 일은 많고 아이들도 돌봐야 하고 이리저리 챙겨야 할 일은 왜 이렇게 또 많은지. 아이들이 점점 커나가면서 교육문제도 슬슬 신경이 쓰인다. 더 나아가 아이들이 커서 무슨 일을 하며 살아나갈지 궁금한 한편 걱정도 밀려온다. 하지만 바쁜 일상 속에서 슬그머니 치켜드는 불안감은 잠깐일 뿐 일단은 학교에 보내고 마치면 곧장 학원을 보내는 것으로 불안감을 잠재운다.

    자녀가 더 좋은 환경에서 행복하게 사는 걸 바라지 않는 부모는 단언컨대 없을 것이다. 행복의 중심에는 언제나 만족스러운 일상이 있다. 하루하루가 만족스러우려면 자신이 하고 있는 일에 대한 애착과 보람, 그로인한 자존감이 충족되어야 한다. 그 모든 것의 중심에는 교육과 진로, 직업이 있다. 부모에서 '학부모'로의 변화는 바로 이러한 교육과 진로에 대한 관심에서 시작되는 것이 아닐까.

육아휴직이 없었다면 나 역시 다른 사람들이 하는 대로 아이들 교육과 진로탐색은 아내에게 일임했을지 모른다. 여섯 살 딸아이 윤영이와 이제 갓 돌을 넘긴 둘째 승혁이를 돌보면서 4차 산업혁명, 인공지능, 3D프린터, 자율주행차 등의 뉴스에 보다 깊이 관심을 가지게 됐다. 급변하는 기술의 발전이 나와 아이들의 일자리에 분명 영향을 줄 것이라 믿었기 때문이다. 큰 아이가 유치원에 가 있는 동안, 둘째의 낮잠시간 동안, 두 아이가 모두 잠든 새벽 틈틈이 손에 잡히는 대로 읽다보니 어느새 나를 거쳐 간 책만 100여 권에 이르렀다. 거기다 방송과 인터넷으로 찾아낸 20여 편의 영상과 35개의 보고서까지. 매일 같이 쏟아지는 각종 기사들은 일일이 셀 수조차 없을 정도다. 이 모든 자료들을 섭렵하며 든 생각은 내가 알게 된 내용을 나와 비슷한 동세대 부모들과 함께 나눠야 한다는 것이었다.

인공지능을 빼놓고는 상상하기 어려운 미래의 직업

오늘도 언론은 쉼 없이 4차 산업혁명이 미치게 될 일자리 변화에 대해 보도한다. 몇 년 이내 수 십 만 개의 일자리가 사라진다고 경고한다. 우리 아이들은 미래에 무슨 일을 하게 될까. 지금 나오는 내용을 그대로 믿어도 될까. 반신반의 하면서 자료를 뒤적거렸다. 희망은 없는 것인지, 아이들의 진로에 도움이 될 만한 내용은 무엇인지 찾아내기 위해 눈에 불을 켰다.

이 책은 인공지능 시대 일자리에 대한 각종 자료들을 보며 정리한 나의 짧은 생각 모음이다. 인공지능을 전공하지도 그와 관련한 대학원 근처에도 가본 일이 없는 내가 글을 쓰고 책까지 낼 수 있었던 동력(動力)에는 곧 학령기에 접어드는 아이들을 키우는 아빠로서의 절박함 그것 외에 다른 것은 없었다.

어느 책에서 본 바에 의하면 미래의 직업은 다음 세 가지로 분류된다. 로봇과 인공지능을 개발하는 사람, 로봇과 인공지능에 의해 작업 지시를 받는 사람, 로봇과 인공지능에 그 작업을 지시하는 사람이다. 이렇듯 미래의 직업은 로봇과 인공지능을 빼놓고는 상상하기 어렵다. 그렇다면 우리는 인공지능에 대해 얼마나 알고 있을까. 인공지능 기술의 발전은 일자리에 어떤 영향을 미치게 될까.

1장 '인공지능 포비아'는 인공지능 기술로 인해 사라지는 일자리들을 다뤘다. 현저하게 줄어들고 있는 일자리는 먼 미래가 아닌 바로 지금 우리가 살고 있는 동시대의 일이다. 2장 '아빠, 인공지능이 뭐에요?'는 인공지능이란 무엇을 의미하는 지, 인공지능을 활용한 스타트업과 인공지능과 관련한 일자리를 얻기 위한 진로교육은 무엇이 필요한 지를 고민했다. 3장 '4차 산업혁명시대 Education에서 희망을 캐다'에서는 우리 아이들을 주입식 교육이 아닌 내면에 있는 무언가를 끌어내려는 'Education'의 방식으로 키워야 하는 이유를 확인했다. 책의 제목과 같은 4장 '우리아이 뭐 먹고 살지?'는 인공지능 시대 어떤 일자리가 유효할 지 생각하며 정리한 장이다. 마지막으로 5장 '미래가 원하는 핵심역량'에서는 로봇과 경쟁할 우리 아이들에게 필요한 자질들은 무엇이지 있을 지 살펴보았다.

이 책은 미래를 전망하는 책이 아니다. 교육전문가가 제시하는 교육지침서도 아니다. 앞서 말한 바와 같이 저자인 내가 이 분야의 전문가도 아니다. 이 책은 일상에 쫓겨 책 한권 제대로 읽지 못하는 나와 같은 부모들에게 지금까지 나온 책, 영상, 보고서, 기사 등을 한데 정리해 인공지능 시대와 일자리 변화에 대한 이해를 높이고자 기획됐다. 더불어 미래 일자리 변화에 대해 같이 고민하고 부모가 갖고 있는 직업의 고정관념을 깨는 것이 또 하나의 목적이다.

자료를 보고 글을 쓰면서 미래의 '먹고사니즘'이 현재보다 더 암울할 수 있다는 상상도 했다. 기계로 대체되는 일자리, 승자독식사회, 줄어드는 성공의 사다리 등의 신문기사들이 주를 이루었기 때문이다. 분명 일자리는 줄어들 것이다.

하지만 낙담할 필요는 없지 않을까. '현재의' 일자리는 줄어들겠지만 '더 인간적이고 덜 일하는' 일자리가 늘어날지 모른다. 다가오는 시대에 맞춰 적성을 개발하고 능력을 키운다면 자아성장과 진로탐색에서 만족할 만한 성과를 얻을 수 있으리라 믿는다.

빠르게 변화하는 사회 속에서 아이들의 진로를 고민하는 데에 조금이나마 도움이 되기를 바란다.

목차

C O N T E N T S

들어가는 글 • 7

PART 1 ㅣ 인공지능 포비아 • 13

1. 아빠 대신 일하는 로봇 • 15
2. 7년 만에 400배 싸진 기술 • 21
3. 뱀의 입을 넘어 악어의 입 • 27
4. 전문직의 미래 • 33
5. 일자리가 없어진다는 경고 • 38
6. 박사님! 그럼 학교에 안가도 되나요? • 42
7. 인공지능시대 신(新)직업 • 47

PART 2 ㅣ 아빠, 인공지능이 뭐에요? • 53

1. 인공지능 따라잡기 • 55
2. 눈앞에서 사라지는 은행 • 60
3. 쓰레기통에 로그인하다 • 64
4. 디지털 제조혁명 • 68
5. 사무실로 출근하는 그가 전기를 공부하는 이유 • 73
6. AI가 사람을 뽑는다면 • 78
7. 언택트(Untact) 기술이 앞당기는 무인화시대 • 83
8. 공대를 가라–STEM 교육과 인공지능 • 90
9. 1,218대 드론이 만든 오륜기 • 95

PART 3 ┃ 4차 산업혁명시대
Education에서 희망을 캐다 · 99

1. 질문이 사라진 교실 • 101

2. 기술은 마르지 않는 금광 • 105

3. 인공지능시대 인재의 정의 • 109

4. 2030년 대학의 미래 • 114

5. 1년 동안 30개 직업에 도전하다 • 119

6. 코딩으로 만드는 샌드위치 • 123

7. 어부의 행복 • 129

8. 교육과 education의 차이 • 133

9. 핸즈 온 마인즈 온(Hands on, Minds on) • 137

PART 4 | 우리아이 뭐 먹고 살지? · 143

   1. 로봇요리사와 법률비서 · 145

   2. 내가 만드는 진짜직업 · 150

   3. 좋아하는 일로 먹고 살 수 있을까 · 154

   4. 직업의 시대, 기회의 문이 열리다 · 159

   5. 부모가 생각하는 유망한 직업은 없다 · 163

   6. 로봇세와 기본소득 · 167

PART 5 | 미래가 원하는 핵심역량 · 171

   1. 내 아이의 잠자는 잠재력 깨우기 · 173

   2. 아이들에게 휴식이 필요한 이유 · 177

   3. 인성이 인생을 리드한다 · 181

   4. 이제는 진짜 '학력(學力)'을 키워라 · 185

   5. 로봇에게는 없는 인간의 경쟁력 · 189

   6. 지식보다 중요한 능력 · 193

   7. 인공지능은 인류를 구할 슈퍼맨인가 · 196

참고자료 · 200

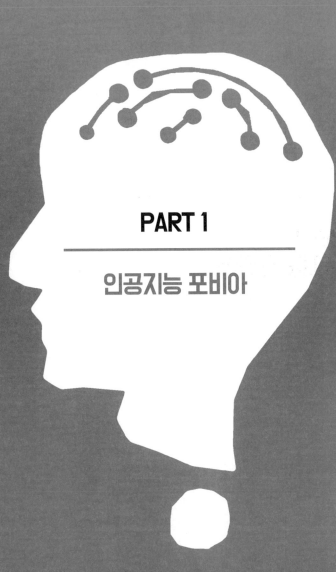

PART 1

인공지능 포비아

PART 1
인공지능 포비아

1. 아빠 대신 일하는 로봇

아마존 물류센터에서 일하며 가족의 생계를 책임지고 있는 샘. 그는 얼마 전 회사로부터 해고통지를 받았다. 그가 일하고 있는 물류센터에 자동화로봇 키바가 도입된 후 생긴 일이다. 그는 "로봇이 직업을 대체할 거란 건 막연히 알고 있었지만 이렇게 빨리 로봇세상이 올 줄은 전혀 예상하지 못했다. 영화처럼 너무 갑자기 일어난 일이다. 5~10년 후에는 전부 자동화가 될 거 같아 두렵다."고 말했다.[1]

아마존은 2012년 로봇회사 키바 시스템을 7억7500만달러(약 8670억원)에 인수 후 물류자동화에 시동을 걸었다. 2015년부터 본격적으로 물류창고에 키바로봇을 배치하기 시작해 2018년 현재 전 세계 26개 주요 배송센터에 설치된 로봇 수는 10만대에 이른다. 키바로봇은 로봇청소기와 닮은 납작한 모양의 로봇으로 최대 1.4t까지 들어 올릴 수 있다. 직원들이 직접 넓은 물류 매장을 발로 뛰어다니면서 필요한 물품을 찾아야 했던 과거에 비해 키바로봇을 이용하는 지금 아마존 물류창고의 효율성은 획기적으로 향상되었다. 키바로봇은 사람이 하면 1시간 넘게 걸리는 제품 분류,

---

1 EBS 다큐프라임 〈4차 산업혁명시대, 교육대혁명〉 3부작 중 2부 〈AI와 인간은 공존할 수 있을까?〉 2017.9.19.

아마존은 2015년부터 본격적으로 물류창고에 키바로봇을 배치하기 시작해 2018년 현재 전 세계 26개 주요 배송센터에 10만대에 이르는 키바로봇을 설치했다. 키바로봇은 로봇청소기 와 닮은 납작한 모양의 로봇으로 최대 1.4t까지 들어 올릴 수 있다.

포장, 배송 등의 일을 15분 안에 완료할 수 있는데다 그로인해 공간 활용도는 50% 이상 높아졌다.

로봇에게 빼앗기는 일자리는 아마존을 통해 현실이 됐다. 연말 대목을 앞두고 매년 임시직 채용 규모를 늘려오던 아마존이 2018년 처음으로 채용을 줄인 것도 로봇이 추진하는 무인화·자동화 전략 때문이라는 분석이 나온다.

지난 4일 미 경제매체 〈퀴츠〉는 시티그룹의 분석을 인용해 아마존이 이번 크리스마스 연휴를 앞두고 임시 근로자 채용을 지난해보다 2만 명 줄일 예정이라고 보도했다. 마크 메이 시티그룹 애널리스트는 이와 관련해 "아마존이 배송센터(Fulfillment Center) 등 자사 시설에 로봇 사용을 가속화하면서 점점 더 적은 인력을 채용하고 있다."고 말했다.

뉴욕타임스(NYT)는 "아마존이 로봇을 통해 업무자동화의 선두에 서있다."며 "아마존의 자동 배송센터에서는 많은 인원이 필요 없고 업무도 훨씬 단순해졌다."고 전했다. 복잡한 물품 분류나 운반 등의 업무는 사라지고, 로봇이 제대로 작동하는지 확인하거나 컴퓨터가 시키는 대로 몇몇 물품만 옮기면 되는 등 업무가 단순화됐다는 것이다.[2]

독일 라이프치히의 BMW전기차 차체제작 공장도 이와 유사하다. 이곳에서는 탄소섬유 차체를 매일 300개씩 조립한다. 축구장 18개 크기(18만4,000m²)의 대규모 작업장에서 일하는 직원은 고작 50여명에 불과하다. 160대의 로봇이 전기차를 만들어내고 있지만

2 머니투데이 〈'일자리 뺏는 로봇' 현실로… 아마존 연말채용 첫 감소〉 2018.11.7.

에너지 비용도 일반 모델 생산 공장의 절반밖에 들지 않는다.3

로봇으로 인해 줄어드는 일자리

로봇자동화는 최소인력으로 생산성과 효율성을 극대화할 수 있는 가장 좋은 수단이다. 반면 우리들 대다수인 피고용자, 노동자의 관점에서 본다면 상황은 정반대다. 자동화 로봇이 확산된다면 일자리가 줄어들고 직장을 잃는 것은 당연한 수순이다. 물론 자동화 로봇을 연구하고 개발하는 인력의 수요는 더욱 늘어날 수도 있겠다. 그러나 저러나 전체 일자리 수의 감소는 불가피하다.

아마존의 사례에서처럼 생산성 향상과 비용절감을 위해 ICT기술과 접목된 로봇자동화기술이 공장과 창고에 적용된 후부터 기존 사람들이 했던 일들이 빠르게 로봇에 의해 대체되고 있다. 시스템 전체를 총괄·운영하는 인력이 다소 충원됐다고 하더라도 대다수 업무가 없어지면서 일자리가 줄어들었다는 소식은 결코 달갑지 않다.

기업이 사회적 책임이나 노동자와의 수익배분에 관심을 가지리라 기대해도 좋을까. 대답은 회의적이다. 기업이 생산성과 효율성을 높이기 위해 진행해온 외주화 현황이 이를 잘 보여준다.

국제 항공업계에서 노동자 1인당 매출로 〈버진아메리카〉를 따라올 기업은 없다. 사실 〈버진아메리카〉는 수화물 운반과 항공기 관리, 예약, 기내식서비스 등 거의 모든 부문에서 정직원을 고용하지 않기로 유명하다. 그 모두는 계약직이 하는 일이다. '괴짜 CEO'

---

3 중앙일보 〈축구장 18배 BMW 전기차 공장, 직원은 50명〉 2018.10.1.

로 알려진 이 회사의 설립자이자 CEO인 리처드 브랜슨은 "고객들과 직접 대면하는 부서를 제외한 모든 일자리를 외주화하겠다."고 공개적으로 밝히기도 했다.

미국의 월마트 창고에서 화물을 운송하는 직원들은 월마트 소속이 아니다. 트럭운송회사인 〈슈나이더내셔널〉 소속이다. 〈슈나이더내셔널〉 역시 임시용역제공 하청업체들로부터 인력을 공급받는다.

제약회사 〈화이자〉의 임상실험 부서는 몇 해 전부터 모두 계약직으로 전환됐다. 머지않아 경영진을 제외한 모든 인력을 외주 인력으로 구성하는 회사가 나올 거라는 예측도 나온다.

거스를 수 없는 자동화·외주화의 흐름

국내 상황도 암울하다. 지난 10년 사이 정규직 일자리는 줄고 비정규직 일자리가 크게 증가해 전체 일자리의 33%(2018년 현재)에 달하고 임금수준은 점차 낮아져 정규직 임금의 54%에 불과하다. 책임과 위험을 외주화하고 임금을 낮추려는 기업의 이해와 맞아 떨어진다면 생산성 높은 로봇이 우리의 일자리를 대신하는 일은 급물살을 탈 것이다. 기업으로서는 직원들과의 대립을 피하면서도 생산성과 효율성을 높일 수 있는 기회라는 생각에 투자를 아끼지 않을지 모른다. 이제 예전처럼 대기업이 큰 공장을 짓는다고 해서 대규모 일자리가 생겨난다는 보장도 없다. 특히 기술집약적인 회사들의 경우 이 같은 추세는 더욱 빠르게 증가하고 있다.

기업은 비용절감을 명분으로 모든 가능성을 열어놓고 자동화 전략과 외주화 정책을 펼치고 있다. 그나마 안정된 기존의 정규직

조차 급속도로 줄어들며 긱 이코노미 즉 1인 기업, 프리랜서, 단기 계약직 형태의 고용만 늘어나고 있다.

앞으로 어떤 일이 어떻게 전개될지 정확히 예측하기는 어렵다. 하지만 어떤 식으로든 우리의 일자리는 변화할 것이다. 어떻게 하면 같은 자원으로 2배 이상의 성과를 만들 수 있을지를 끊임없이 고민하는 기업에게 자동화와 외주화는 달콤한 제안이다. 반면 우리에게는 새로운 일자리로의 이동이라는 커다란 과제가 남는다. 우리의 일자리, 아이들의 일자리는 어떻게 변화할까.

2. 7년 만에 400배 싸진 기술

"이걸로 다리를 만들 수도 있는데 한 그릇 다 먹으면 아빠가 보여줄게."

아빠가 처음 만든 스파게티가 맛이 없었던지 자꾸 딴 짓만 하는 아이에게 스파게티면으로 다리를 만들 수 있다고 했더니 그제야 관심을 보였다.

나 역시도 스파게티면으로 스파게티 외에 다른 걸 만들 수 있다는 생각을 대학생이 되어 처음 해보았다. 스파게티 다리 만들기는 4년간의 대학시절 중 가장 기억에 남는 과제물로 우리 학교 공대생이라면 누구나 해봤던 팀 프로젝트였다. '창의적 공학설계'라는 강의에서 교수님은 익히지 않은 스파게티 면을 본드로 붙여서 가장 튼튼한 스파게티 다리를 만들어보라는 과제를 내주셨다. 사실 이 과제는 세계 곳곳에서 공학도들을 대상으로 대회에 붙일 만큼 잘 알려진 과학 공부법이다. 공학도들은 스파게티 다리를 만들면서 자연스럽게 구조역학을 공부하게 되고 이를 응용하여 가장 튼튼한 다리를 만들려고 노력하기 때문이다.

같은 교수님이 내주신 과제로 스파게티 다리 만들기 외 또 하나가 미래의 제품을 상상해서 설계해 보라는 것이 있었다. 당시 내가 설계한 제품은 손목 시계형 휴대폰이었다. 내가 만든 손목시계형 휴대폰은 휴대폰, 라디오, 녹음, 데이터 저장기능을 갖춘 미래형 통신기기였다. 아이디어를 구체화한 스케치와 제품 설명, 구현가능성을 요약해 리포트를 제출했고 예상대로(?) 좋은 점수를 받았다.

내가 대학교에 입학한 2000년은 삐삐에서 갓 폴더폰으로 통신수단이 이동했을 때였다. 그 후 폴더폰은 차츰 스마트폰으로 진화했고 지금의 모습이 되었다. 2010년 즈음 손목시계형 휴대폰이 시판됐으니 내가 생각한 미래의 시효가 고작 10년에 불과했던 것이다.

LG전자의 시대를 역행한 선택

미래제품에 대한 상상이 늘 이렇게 잘 맞아떨어지는 것은 아니다. 휴대폰 시장의 양대 산맥이었던 LG전자 휴대폰은 2007년 경 세계 흐름과는 전혀 다른 예측으로 시장에 역행하고 만다. 당시 막 취임한 남용 부사장은 맥킨지의 신봉자였는데 매년 300억 원 규모의 비용을 지불하며 맥킨지로부터 컨설팅을 받았다. 문제는 맥킨지의 스마트폰 열풍에 대한 잘못된 진단에서 비롯됐다. 애플이 아이폰을 출시하며 기존 피처폰에서 스마트폰으로 휴대폰 시장 판도를 바꾼 것을 두고 맥킨지가 "스마트폰의 인기는 그저 스쳐 지나가는 바람"이라고 진단했던 일은 오랫동안 회자되며 우스갯소리가 되었다. 맥킨지의 조언을 따른 LG전자는 시장의 흐름과 역행하며, 스마트폰 개발보다 피처폰에 집중했고 결과는 우리가 기억하는 바와 같이 대참패. 몇 년 사이 만회하지 못할 정도로 뒤처져버렸다. 미국 경제전문지 포춘은 지난 2011년 LG전자 스마트폰 실패의 근본 원인으로 "변화의 속도를 보지 못했으며, 상급 경영진은 스마트폰에 대해 무지했다."고 분석하기도 했다. 최근에 이르러서야 LG전자는 스마트폰 개발에 박차를 가하고 있지만 뒤늦게 시장에 뛰어든 LG전자가 시장점유에 성공할 지는 여전히 미지수다.

MIT 교수인 프랭크 레비(Frank Levy)와 리처드 메네인(Richard Murnane)교수는 《노동의 새로운 분류》에서 자동차 주행 중 1초도 안 되는 짧은 순간에 복잡한 결정을 내리는 것을 컴퓨터는 절대로 할 수 없고, 복잡하고 감성적이고 모호한 의미를 담은 사람의 말은 컴퓨터가 이해할 수 없을 것이라고 단언했다.4 그들이 인간의 업무로 남아있을 거라고 예측한 일 중 하나가 바로 자동차 운전이었으며 그들은 '기계가 복잡한 작업은 결코 수행하지 못할 것'이라고 가정했다. 하지만 그들의 예상은 10년도 되지 않아 구글의 자율주행차와 IBM의 왓슨에 의해서 산산이 깨지고 말았다.

기하급수 기업들의 놀라운 성장속도

기술개발의 속도가 무한대로 빨라진 시대. 그렇다면 시장진입이 늦은 기업은 시장을 선도할 가능성이 현저히 낮은 걸까. 샤오미테크를 보면 고개를 저을 수밖에 없다. 2010년 6월에 설립되어 휴대폰 업계에서는 후발주자인 샤오미테크는 저가의 안드로이드 스마트폰에 집중해 불과 3년만인 2013년에 2,000만대의 단말기를 팔면서 50억 달러가 넘는 연매출을 남기며 신흥시장 10개국 확장을 계획하고 있기 때문이다.

---

4 서울경제 〈변화의 속도는 점점 더 빨라지고 있다.〉 2017.12.6.

《기하급수 시대가 온다》의 저자들은 우리가 산업계에서 단 한 번도 본적 없는 속도로 성장하며 가치를 만들어 내는 새로운 종류의 기업을 우리가 목격하고 있다고 전한다. 미국 포천이 선정한 500대 기업과 최근 몇 년 사이 폭발적으로 성장한 IT기반의 기업들이 시가총액 10억 달러가 될 때까지 걸리는 시간을 보면 기하급수 기업들의 성장속도를 비교해 볼 수 있다. 포천이 선정한 500대 기업들은 기업가치가 10억 달러가 되기까지 20년 이상 걸린 반면, 구글(1998년 설립)은 8년, 페이스북(2004년)은 5년, 테슬라(2003년)는 4년, 우버(2009년), 스냅챗(2011년)과 오큘러스리프트(2012년)는 고작 2년이 걸렸다.[5]

기술발전의 속도를 얘기할 때 늘 언급되는 용어가 '무어의 법칙'이다. 무어의 법칙은 인텔의 공동설립자인 고든 무어가 제시한 것으로 마이크로칩의 성능이 매 2년마다 두 배로 증가한다는 것을 경험적으로 예측해 만든 법칙이다. 마이크로칩은 지난 50년간 중단 없이 매년 두 배씩의 성장을 거듭하며 그의 예측에서 벗어나지 않았다.

기술이 발전하면서 지불할 수 있는 비용의 문제도 중요하다. 소비자의 입장에서 기술을 얼마나 싸게 가져다 쓸 수 있는가는 매우 중요한 문제이기 때문이다. 그렇다면 시간이 지날수록 기술사용에 대한 비용은 어떻게 변했을까. 4차 산업혁명에 자주 등장하

---

5 살림이스마일, 마이클 말론, 유리 반 헤이스트 《기하급수 시대가 온다》 청림출판, 2016.9.23. p.19

분야	똑같은 기능 구현에 드는 평균 비용	감소량
3D프린팅	2007년 4만달러 → 2014년 100 달러	7년 간 400배↓
산업용 로봇	2008년 50만달러 → 2013년 2만2,000달러	5년 간 23배↓
드론	2007년 10만달러 → 2013년 700달러	6년 간 142배↓
태양에너지	1984년 시간당 킬로와트(kWh) 30달러 → 2014년 시간당 킬로와트(kWh) 0.16달러	20년 간 200배↓
센서 (3D LIDAR센서)	2009년 2만달러 → 2014년 79달러	5년 간 250배↓
생명공학(한 사람의 전체 DNA 염기 서열 분석)	2007년 1,000만달러 → 2014년 1,000달러	7년 간 1만배↓
뇌공학(BCI 장치)	2006년 4,000만달러 → 2011년 90달러	5년 간 44배↓
의학(전신 스캔)	2000년 1만달러 → 2014년 500달러	14년 간 20배↓

표1. 비용이 급락하고 있는 기술[6]

는 3D프린터를 비롯해 로봇, 드론, 센서 기술이 시간에 따라 구현 비용이 얼마나 변화했는지 살펴보았다(표1).

몇 년 전 특허 문제가 해결되면서 2013년도에 최고 관심을 받은 3D프린팅 기술은 2007년부터 7년간 비용이 400배나 떨어졌다. 3D프린팅 기술은 2007년 평균 4,300만원을 주고 기술을 구현할 수 있었는데 불과 7년 뒤인 2014년엔 10만원만 주면 가능하게 된 것이다. 센서 기술은 5년 사이 무려 250배나 구현비용이 떨어졌다.[7]

---

6 같은 책 p.43
7 같은 책 P.43

그 당시엔 전혀 상상하지도 못했던 일들이다. 중요한 건 현재 기술 구현 비용이 앞으로 얼마나 더 하락할지 예측하기 어렵다는 점이다.

'무엇을 상상하던지 상상 그 이상을 보게 될 것이다'라는 광고 문구가 어울릴 법한 변화의 속도다. 나 역시 가성비 좋은 기술을 어떻게 활용할 수 있을 지 이리저리 머리를 굴려본다. 혹시 모른다. 손목시계형 휴대폰처럼 미래를 선도하는 아이디어가 튀어나올 지. 실상은 이미 구현된 수많은 기술조차 따라잡지 못하는 것이 나의 현실일지라도.

3. 뱀의 입을 넘어 악어의 입

신문기사 보기가 무섭다. 외환위기 이후 실업자 최대, 청년실업률 역대 최대라는 신문기사는 불안감을 고조시킨다. IMF를 겪은 지금의 40대 실직률이 더 높아졌다는 내용에 앞으로도 더 나아질 기미가 없다는 전망까지 덧붙여져서 암울함은 배가 된다. 30대 후반인 나와 같은 직장인들은 실직에 대한 만성적인 공포에 시달리기도 한다. 조선, 자동차, 기계 부품 등 제조업이 집중되어 있는 경상권 지역의 경기가 몇 년 사이 크게 나빠져 '미래의 먹거리'가 (내가 사는) 지역 전체의 화두가 된 영향도 있다.

소위 말하는 '괜찮은 직장'에 다니는 사람들은 경기가 얼마나 나쁜지 느끼기 어려울지 모른다. 하지만 영세 자영업자나 직접 고객을 만나는 업종에 종사하는 사람들과 이야기를 나눠보면 체감 경기가 얼마나 나쁜지를 실감하게 된다.

경기침체와 경영악화로 인한 어려움

얼마 전 타이어를 교환하러 마산에 있는 대형타이어 매장에 들렀다. 지난해 전국에서 매출 1등을 달성한 곳이라는 현수막 홍보 문구답게 매장 내 분위기가 역동적이고 활기차보였다. 30대 중반 젊은 점장에게 지나가는 말로 "작년에 전국에서 매출 1위를 하셨네요. 올해도 장사가 잘 되는 모양입니다. 이렇게 바쁘신 걸 보니까요."라고

경제학자 제러드 번스타인은 약 50년 전만 해도 전 세계의 생산성과 고용률은 비슷한 추이로 증가했지만 2000년대부터는 고용률이 현저히 떨어지기 시작했다면서 이를 '뱀의 입'이라고 명명했다.

말을 걸었다.

하지만 점장은 이내 웃음을 거두고 한숨을 쉬면서 "웬걸요. 올해 경기가 어찌나 안 좋은지 점포 매출이 작년 40%로 떨어졌습니다."라고 답했다. 고객들의 주머니 상황이 안 좋아지면서 딱히 문제가 생기지 않는 한 기존 타이어를 교체하지 않아 매출이 급감했다는 것이다.

20년간 회사를 다니다가 3년 전 강사로 전업한 분을 만날 기회가 있었다. 전 직장에서 관리 업무를 맡으며 회사에서 헌신했다는 그는 회사의 경영악화로 퇴사를 통보받고 업종을 변경해 교육업계에 첫 발을 내딛었다. 울며 겨자 먹기로 시작한 일이었지만 전직을 통해 그동안 회사에서 경험하지 못한 새로운 자극을 받고 있다고 했다. 직장에서는 직급과 연차가 올라갈수록 지시에 익숙해지고 자기개발은 뒷전인데 강사를 하면서부터는 전보다 훨씬 치열한 하루를 살아야 한다는 것이었다. 물론 강의 준비, 냉정한 피드백, 신규강의 개발, 강의를 하면서 또 다른 강의를 받아내기 위한 영업활동까지 혼자서 여러 개의 역할을 수행하다보니 하루하루는 녹록치 않다고 말했다. 그럼에도 실직 후 강사라는 직업을 통해 보내는 일상은 꽤 즐거워 보였다. 평생교육시대에 접어든 요즘 강사의 수요도 적지 않아 수입 역시 일정 수준에 도달했다니 1인 기업은 이런 것이구나 싶었다.

경제학자 제러드 번스타인은 약 50년 전만 해도 전 세계의 생산성과 고용률은 비슷한 추이로 증가했지만 2000년대부터는 고용률이 현저히 떨어지기 시작했다면서 이를 '뱀의 입'(Jaw of Snake)

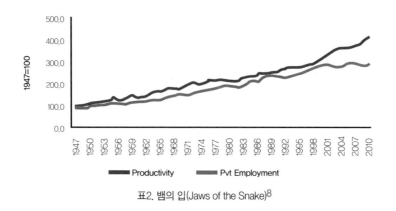

표2. 뱀의 입(Jaws of the Snake)[8]

라고 명명했다. 생산성 증가와 고용 성장의 차이가 마치 뱀의 입처럼 벌어지고 있다는 점에 착안한 것이다. 그는 뱀의 입이 앞으로 더 벌어질 거라고 전망했다.[9] 지금 다니는 직장에서 회사의 성장과 채용의 규모 상관관계를 따져만 봐도 대략적으로 알 수 있는 내용이다.

'뱀의 입'은 앞으로 어떻게 될 것인가? 입의 간격은 줄어들까? 아니면 뱀의 입보다 더 벌어져서 악어의 입만큼 격차가 커질까. 인공지능을 앞세운 첨단기술은 여러 가지 형태로 사람들이 일하는 공간에 배치되고 있다. 10명의 사람보다 1대의 로봇이 구현하는 생산성이 더 높다. 기업을 운영하는 경영자는 과연 어떤 결정을 할 것인가.

생산현장을 중심으로 돌아가는 제조업의 자동화는 더욱 뚜렷

---

8 명견만리 제작팀《명견만리》인플루엔셜, 2016. 9. 19.
9 KBS 1TV 명견만리 〈일자리가 사라진다 1부. 풍요의 역설〉 2015. 7. 23.

하다. 2016년 제조업 취업자 수는 448만1,000명이었는데 1년 전
보다 5,000명 줄었다. 글로벌 금융위기를 겪었던 2009년 이후 취
업자 수는 해마다 늘어왔지만 7년 만에 감소세로 돌아섰다.

전체 고용을 놓고 보면 심각성은 더욱 두드러진다. 1970년 노
동생산성과 고용증가율을 100으로 놓고 볼 때 1980년은 각각
172.41, 142.3으로 큰 차이가 없었는데 45년이 지난 2015년, 노동
생산성이 1096.55로 약 10배 뛴 동안 고용증가율은 272.8로 1.7배
느는 데 머물렀다. 혹자는 이를 더 큰 '악어의 입'에 비유했다.[10]

뱀의 입 현상과 맞물려 몇 년 전부터 자본이 차지하는 비율이
늘어나고 노동이 차지하는 비율이 줄어드는 디커플링 현상이 발
생하고 있다고 한다. 한국의 고용지표도 날이 갈수록 악화되고 있
는 것을 보면 학자들의 예측이 우리의 바람과 달리 통계가 제시하
는 예측이 맞아떨어진다는 걸 알 수 있다.

4차 산업혁명이 변화시킬 고용시장의 미래

결국 논의는 일자리로 모아진다. 새로운 정부가 들어서자마자
일자리추진위원회를 만들고 청년, 중장년층 일자리 늘리기에 올
인 하는 것도 일자리가 국민 삶의 질과 직접적으로 연관되어 있기
때문이다. 자녀를 키우는 부모들도 4차 산업혁명과 인공지능 관
련 기술들이 산업별 일자리 변화에 어떤 영향을 미치는지 관심을
가져야 한다. 눈앞에 닥친 입시공부도 중요하지만 진학을 넘어 아
이들의 진로와 직업을 같이 고민해야 한다. 아이들이 성인이 되어

10 경향비즈 〈생산성 치솟는데 고용은 제자리…청년 '악어 입'에 갇히다〉 2017.3.28.

사회에 진출할 때쯤이면 지금과는 완전히 다른 새로운 직업들이 세상에 나올 것이기 때문이다.

4차 산업혁명이 '악어의 입'을 '하마의 입'으로 만들지 아니면 벌어진 입을 다물 묘안이 나올 지 누구도 예측할 수는 없다. 하지만 분명한 것은 씁쓸하게도 과거와 같은 고용의 형태를 기대할 수 없다는 사실이다.

4. 전문직의 미래

대학을 다니면서 학점 잘 받고 대기업에 가면 성공한 인생인줄 알았다. 자연스럽게 취업 잘 된다는 공대에 갔다. 지인들도 공대를 다녔는데 대다수가 큰 회사 취업을 목표로 공부했다. 회사 이외에 다른 방식의 삶은 잘 몰랐다. 지방이 고향이었던 나는 하숙을 하면서 다른 지역 출신 사람들과 어울릴 수 있었다. 하숙집에는 회계사를 준비하던 형도 있었다. 회계사가 무얼 하는 사람인지도 모른 채 그 형에게 회계사가 되면 어떤 점이 좋은지 물은 적이 있다.

당시 형은 "회계사는 평생 은퇴가 없고 자유롭게 시간을 사용할 수 있고 다른 직종에 비해 고소득을 올릴 수 있는 전문직"이라고 답했다. 사실 그때만 해도 전문직이 무엇인지 뚜렷이 알 수 없었다. 35년 간 제조업체에서 장기근속을 하신 아버지와 전업주부로 두 아들을 키워낸 어머니 사이에 장남으로 자라면서 전문직종 종사자를 접해본 일이 거의 없었던 이유가 크다. 나도 부모님도 사회에서의 성공은 안정적인 대기업에 취업해 퇴직할 때까지 다니는 것이라고 암묵적으로 생각해 왔던 것 같다.

형은 비록 회계사 시험에는 떨어졌지만 세무사 시험에 합격해서 비교적 젊은 나이에 개업을 했고 지금은 고객도 많이 확보해서 여유 있는 삶을 살고 있다. 이제와 알게 된 사실이지만 상위권 대학 학생일수록 고시와 전문직 시험을 염두 해두고 진로를 정하는 경우가 많다. 그들에게 사기업은 고시를 몇 년간 준비해보고 안 되면 가는 마지막 카드였던 것이다.

집안 환경이 부유하고 부모가 전문직 종사자일수록 안정되고 자유로운 전문직 시험에 몰리는 경향이 있다. 그런데 앞으로도 지난 수십 년처럼 전문직이나 고시시험에만 합격하면 안정된 미래를 보장받을 수 있을까. 물론 시험에 합격하면 일반 기업에 다니는 것 보다는 안정되고 오래 일할 수 있겠지만 시험에 투자한 시간과 미래수익, 기회비용, 경쟁 등 소위 가성비를 따진다면 전문직 시험은 이제 더 이상 장밋빛 미래를 보장하는 투자라고 단언하기 어려워졌다는 게 업계 종사자들의 말이다.

자격증이 보장해줬던 부와 명예

한국에서 안정되고 고소득을 보장받기 위한 지름길은 전문자격증을 취득하는 것이었다. 경제가 급성장 하던 시절 사회 곳곳의 법과 제도가 새롭게 정비되고 정부와 민간사이 약속된 거래를 제도적으로 완성하고 연결해줄 이들이 필요했다. 국가는 일정한 자격시험을 통과한 이들에게 자격증을 발급해주었고 그들은 전문직이 되었다. 어린 시절부터 익숙하게 학생들 꿈 목록에서 빠지지 않는 의사, 약사부터 인문계 7대 자격증에 속하는 변호사, 변리사, 회계사, 법무사, 세무사, 감정평가사, 노무사 자격증은 시험 준비와 자격취득에 오랜 시간이 걸리고 선발인원이 제한되어 있어서 자연스럽게 진입장벽이 높게 형성된 직종들이다. 그러니 과거에는 자격증을 취득하기만 하면 부와 명예를 한꺼번에 손에 쥘 수 있었다. 전문직 종사자 수는 정부에서 합격자 수를 정하기 때문에 일반 자영업자들처럼 무한경쟁에 놓이지 않았다. 또한 건강과 여건이 허락하는 한 계속 일하기 때문에 쉽게 은퇴하지 않아도 되는 시장이었다. 마음만 먹는다면 죽기 직전까지도 일을 할 수 있으니 수입, 안정도가 높은 직종이었던 셈이다.

하지만 70대 변호사, 80대 회계사가 시장에서 활발하게 활동하고 있는 요즘은 어떨까. 새로운 합격자들은 시장에 계속 공급되는데 전반적인 저성장 상황에서 과거와 달리 자격증만으로는 고소득을 유지하기가 쉽지 않다. 여기에 인공지능을 내세우며 4차 산업혁명 기술이 전문직 시장에 활용되면서 기존 업무방식에도 큰 변화를 일으키고 있다.

약사가 로봇으로 대체될 가능성

미국의 유명 건강 관련 웹사이트 〈네트워크 웹MD(WebMD)〉의 월평균 순방문자 수는 미국에서 일하는 모든 의사를 방문하는 사람의 수보다 많다. 미국 샌프란시스코의 캘리포니아 주립대 병원 등 주요 대학병원에서는 환자들의 약을 이미 로봇이 제조하고 있다. 600만 건의 처방을 조제하는 동안 실수율이 거의 제로다. 인간 약사의 평균 실수율이 2.8%에 이르는데 반해 로봇약사는 약 16만 8천 건의 조제실수를 예방한 것이다.[11]

2015년 9월 삼성서울병원에선 국내 최초로 '의약품 조제 로봇'을 들여와 암병원의 항암 주사제 조제 업무에 투입했다. 이탈리아 루치오니 그룹이 개발한 조제 로봇 '아포테카 케모(APOTECA

---

[11] 삼성전기 공식블로그 〈AI 로봇의 이색일터〉 2017. 4. 13.

Chemo)'는 하루 8시간 일하며 독한 물질이 섞여서 조제가 까다로운 항암제 30개 품목을 100건씩 만들어 낸다. 병원은 "외래 암환자 처방 4건 중 1건을 처리한 셈으로, 실력 있는 약사 두 명 몫을 해낸 것"이라고 말했다. 이 병원은 효과가 좋자 조제 로봇 3대를 올해 안에 더 도입하기로 했다. 약사가 로봇에게 대체될 가능성을 한국고용정보원에서는 68%로 전망하기도 했다.[12]

법조계의 상황도 비슷하다. 매년 '온라인 분쟁 해결' 시스템을 통해 이베이(eBay) 거래자 사이에서 발생·해소되는 분쟁건수는 미국 법정에서 진행되는 소송건수보다 세 배나 많다.

〈허핑턴포스트〉가 설립 6주년에 확보한 월평균 순방문자 수는 164년 역사를 자랑하는 〈뉴욕 타임스〉 웹사이트 순방문자 수를 가볍게 추월했다.

영국 세무 당국의 부정감지 시스템에는 영국에서 출판되는 모든 책을 보유한 영국국립도서관보다 더 많은 자료가 있다. 2014년에 세무전문가를 통하지 않고 온라인 세무신고 소프트웨어를 사용해 미국 세무당국에 전자세무신고서를 제출한 사람은 4,800만 명에 이른다.

온라인 공동체 〈위키하우스(WikiHouse)〉에서 설계한 집을 '인쇄'해 조립하는 데는 5만 파운드(약 8,000만원)도 들지 않는다. 실제로 2014년 9월 런던에서는 이 같은 방법으로 집을 짓는 데 성공했다. 한 건축 회사는 자율비행로봇 집단으로 벽돌 1,500개를 쌓아 구조물을 만들었다. 이 같은 실험은 이제 실험에서 그치지 않고

12 조선일보 〈왓슨 쇼크… 10년 뒤 우리 동네 약사님은 로봇?〉 2017. 1. 16.

조만간 현실세계로 들어오기 시작할 것이다.[13]

더욱 치열해진 전문직 시장

전문직의 위기가 심화된 데에는 시장의 포화와 치열한 경쟁 환경도 한몫했다. 로스쿨 제도 도입과 변호사 대량배출로 포화상태에 접어들고 있는 변호사 시장. 월급 200만원도 못 버는 변호사부터 밥그릇을 지키기 위해 다른 영역까지 진출하는 변호사 이야기는 더 이상 놀랍지도 않다. 자본주의의 파수꾼이라 일컫는 회계사들의 시장도 마찬가지다. 회계사들 중 일부는 벌써부터 스스로 '3D 전문직' 내지는 '저소득 전문직'이라고 자조하는 말을 내뱉기도 한다. 회계사 합격자수가 1,000명으로 늘어나면서 회계사 시장에서의 생존이 더욱 치열해진 탓이다. 이에 따라 전문직군 사이의 영역 싸움도 살벌해졌다. 변호사와 변리사, 회계사와 세무사 등 비슷하거나 중복된 업무영역간의 이해관계에 따른 소송이 끊이지 않는다. 이처럼 수십 년간 누적된 전문직 종사자들의 수와 저성장 국면에 접어든 국내시장의 한계가 겹쳐 전문직은 예전과 같은 부와 명예를 누리기 힘들어지는 구조로 가고 있다.

부모세대들이 그동안 성공방정식으로 믿고 있던 전문직 직업, 과연 우리아이들의 미래에도 똑같이 성공을 보장받을 수 있을까.

---

13 리처드 서스킨드, 대니얼 서스킨드 《전문직의 미래》 와이즈베리, 2016. 12. 7. p.19

5. 일자리가 없어진다는 경고

4차 산업혁명에 관한 일자리 뉴스가 넘쳐난다. 일자리는 늘어날까, 줄어들까. 줄어들면 얼마나 줄어들까. 어떤 일이 생겨나고 어떤일이 사라질까. 로봇의 대체율은 어느 정도나 될까. 인공지능은 어떤 영역에서 나의 일자리와 아이들의 일자리를 위협할까. 일자리와관련한 뉴스들로 인해 괜한 불안감만 높아진다. 안 그래도 바쁜 일상 속에서 미래변화의 속도에도 뒤쳐지지 않아야 한다는 강박이 불안을 가중시킨다. 하지만 조금만 신경 써서 찾아보면 인공지능 도입에 따른 일자리 문제에 대해 발표하는 기관마다 조금씩 다른 데이터와 근거를 든다는 것을 알 수 있다. 아이들이 다가올 미래에 어떤 일을 하는 게 더 행복하고 안정된 인생을 살 수 있을지 판단하려면 전 방위적으로 살펴보고 공부해야 한다는 생각이 든다. 책과 영상, 신문을 보면서 도움이 될 만한 자료들을 정리했다.

• 영국 옥스퍼드 대학

마이클 오스본 교수가 2013년 발표한 〈고용의 미래, The Future of Employment〉 보고서. 702개의 대표 직업을 골라내서 각 직업이 향후 10년~20년 이내에 인공지능과 로봇에 의해 대체될 확률이 얼마인지를 예측한 자료다. 전체 미국 고용의 47%가 로봇과 인공지능에 의해 대체될 확률이 70%이상이라고 예측했다.[13]

직업	가능성	직업	가능성	직업	가능성
텔레마케터	0.99	도서관 사서	0.65	성직자	0.0081
모델	0.98	컴퓨터프로그래머	0.48	중등교사	0.0078
요리사	0.96	판사	0.4	헬스트레이너	0.0071
회계사	0.94	배우	0.37	치과 의사	0.0044
보험판매원	0.92	기자, 특파원	0.11	초등학교 교사	0.0044
제빵사	0.89	경찰	0.098	심리학자	0.0042
택시기사	0.89	가수	0.074	외과,내과의사	0.0042
부동산 중개사	0.86	여행가이드	0.057	영양사	0.0039
이발사	0.8	작곡가	0.015	헬스케어부문 사회복지사	0.0035
치위생사	0.68	간호사	0.009	레크리에이션 테라피스트	0.0028

표3. 컴퓨터화로 사라질 가능성이 높은 직업들[15]

• 세계경제포럼(WEF)

세계경제포럼은 〈직업의 미래, The Future of Job 2018〉 보고서를 통해 현재는 기계가 일터에서 맡는 일의 양은 29%에 불과하지만 2025년에까지 전체 일의 52%를 하게 될 것이라고 전망했다. 또한 지금 시점부터 2022년 사이에 약 7,500만개의 일자리가 사라짐과 동시에 약 1억 3,300만개의 새 일자리가 생겨난다고 예측했다.

---

14 JTBC 뉴스룸, 2016. 3. 10. 〈커지는 '인공지능'에 대한 공포, 사실은…〉
15 Carl Frey, Michael Osborne, 2013. 〈the future of employment〉

반면 2016년 〈4차 산업혁명에 따른 미래 일자리 변화 전망 보고서〉에서는 2020년까지 전 세계 일자리 717만 개가 사라지고 새로 생겨나는 것은 210만 개에 그친다고 주장한 바 있다.

의문스러운 것은 공신력 있는 단체라고 손꼽히는 세계경제포럼이 2년 만에 일자리수에 대한 예측을 완전히 뒤집었다는 사실이다. 예측이 뒤바뀐 이유가 무엇인지, 앞으로는 어떻게 바뀔 지 주목해 볼 필요가 있다.

• 경제협력개발기구(OECD)

경제협력개발기구는 2016년 직업을 기준으로 한 미래 일자리 분석에 과대 추정의 오류가 있다고 지적했다. 경제협력개발기구는 직업이 아니라 직무를 기준으로 분석했을 경우, 자동화로 대체될 확률이 70%를 넘는 직업은 9%에 불과하다고 결론내렸다.

• 한국고용정보원

한국고용정보원은 2017년 〈기술변화에 따른 일자리 영향 연구〉 보고서에서 각 직종에 대해 인공지능과 로봇의 기술적인 대체 가능성을 조사한 결과 2025년 고용에 위협을 받는 이는 1,800만 명으로 예측되며 이는 전체 취업자 2,560만 명의 70%가 넘는다고 발표했다. 직군별로 보면 고소득 직종이 몰린 관리자군의 경우 대체율이 49%에 불과한 반면, 단순노무직군의 경우 90%가 넘는다는 내용이 핵심이다.

권위 있는 연구기관과 정부, 컨설팅 업체에서 앞 다투어 발표한 4차 산업혁명에 따른 일자리 변화를 보면 새로 생기는 일자리보다 감소하는 일자리가 많은 것으로 나타난다. 또 시간과 기준에 따라 과거의 분석결과와 달라지는 경우도 있다. 그만큼 미래의 일자리를 예측하는 일은 어렵기도 하고 고려해야 할 변수도 많은 작업이다. 분석기준을 직업(Job)과 직무(Task)에 따라 결과는 달라지겠지만 일자리 감소는 피할 수 없는 현상이다. 결과만 본다면 사실 불안을 덜어줄 만한 희망적인 내용은 없다. 하지만 역으로 이러한 산업의 변화가 일자리의 다양화와 함께 가장 인간적인 일자리를 발견하게 되는 기회요인이 될 수도 있다는 생각이다.

이제부터라도 나만이 잘할 수 있는 일, 가치를 더할 수 있는 일, 대체가능성이 적은 일은 무엇인지 고민해야 한다.

6. 박사님! 그럼 학교에 안가도 되나요?

> "미래는 과거나 현재처럼 눈으로 볼 수 있는 것이다.
> 과거와 현재를 바꿀 수 없듯이 미래 역시 바꿀 수 없으며,
> 이미 정해져 있는 것이다."
> — 토마스 프레이(Thomas Frey), 미래학자

"박사님, 지금 있는 직업이 미래에는 절반이상 사라질 거라고 하셨는데 그럼 학교에 안가도 되나요?"

우연히 관심을 갖고 지켜보던 미래학자 토마스 프레이(Thomas Frey)의 강연을 들어볼 기회가 있었다. 유튜브 영상과 책을 통해 보았던 그의 강연을 내가 사는 지역에서 들을 수 있었던 것. 간접적으로만 접했던 강연을 직접 듣는 것이어서 한 마디 온 신경을 집중해 들었던 기억이 난다. 미래 사회 변화에 대한 프레이의 강연이 끝나고 관객과의 질의응답시간이 주어졌을 때 객석에서 초등학생으로 보이는 한 여학생이 손을 번쩍 들고 그에게 질문했다. '대다수 직업이 없어진다면 학교에 갈 필요도 없는 것 아니냐'는 당찬 내용이었다. 토마스 프레이는 강연 중 2030년까지 20억 개의 일자리가 없어진다고 경고했었다. 아이는 사뭇 진지했다.

"미래사회에는 수많은 직업이 새로 생겨나고 사라집니다.
하지만 학교에서 배울 수 있는 지식, 인성, 협동심 등 여러
가지 긍정적 요소는 새로운 직업을 찾는데 큰 도움이 될 겁

세계적인 미래학자 토마스 프레이는 구글이 선정한 미래학 분야 최고의 석학이자 '미래학의 아버지'로 불린다. 미국 최고 IQ 소유자 클럽인 '트리플 나인 소사이어티(Triple Nine Society)'의 회원이기도 한 그가 작성한 미래보고서는 부지런한 연구와 탁월한 직관을 바탕으로 쓰였다는 평가를 받고 있으며, 미 항공우주국, 휴렛 팩커드 등 미국의 유명 기관과 기업 정책에 많은 영향을 미쳤다.

니다. 지금 다니는 학교에 일단 충실하는 게 좋을 것 같습
니다."

그의 답변이 아이를 안심시켰다. 그제야 청중석에서도 긴장이
풀린 듯 가벼운 웃음이 흘러나왔다. 나 역시도 내심 학교에 갈 필
요가 없다는 대답을 하지 않을까 예상했었지만 보기 좋게 빗나가
버렸다.

지금 하는 일을 넘어 미래의 일자리가 재편된다는 미래학자의
전망에 세대와 직업을 막론하고 다들 불안하다고 말한다. 나 또한
그렇다. 불확실한 미래에 대한 막연한 두려움. 지금 이 일로 먹고
살 수 있을까에 대한 의구심. 불필요하게 과한 정보들을 무분별하
게 받아들이면서 괜한 불안감만 높아진 건지도 모른다.

구체적으로 따져보기 위해 우리가 알고 있는 직업들을 떠올려
보자.

2016년을 기준으로 우리나라의 직업 개수는 1만1,927개다. 그
렇다면 우리가 알고 있는 직업의 개수는 몇 개인지 종이에 한번
적어보자. 대다수의 사람들은 한정된 정보와 자료를 바탕으로 진
로와 정하다보니 1만 가지 종류의 직업 세계가 있는지 알지 못하
고 일을 시작한다.

토마스 프레이는 "미래의 직업은 새롭게 변하고 사람은 환경
변화에 계속 진화할 것"이라는 긍정적인 메시지를 남기며 강연을
마무리 했다. 미래직업에 대해 공부하면서 미래학자들의 직업전
망에 괜히 앞서서 두려워할 필요는 없다는 걸 알았다. 우리는 인
류의 역사는 계속 발전했고 직업은 소멸과 탄생을 반복했으며, 그

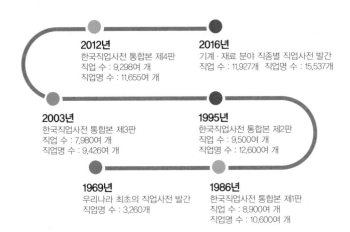

2012년
한국직업사전 통합본 제4판
직업 수 : 9,298여 개
직업명 수 : 11,655여 개

2016년
기계·재료 분야 직종별 직업사전 발간
직업 수 : 11,927개 직업명 수 : 15,537개

2003년
한국직업사전 통합본 제3판
직업 수 : 7,980여 개
직업명 수 : 9,426여 개

1995년
한국직업사전 통합본 제2판
직업 수 : 9,500여 개
직업명 수 : 12,600여 개

1969년
우리나라 최초의 직업사전 발간
직업명 수 : 3,260개

1986년
한국직업사전 통합본 제1판
직업 수 : 8,900여 개
직업명 수 : 10,600여 개

표4. 한국직업사전으로 본 우리나라 직업 수의 변화15

과정에서 수많은 기회들이 만들어졌다는 것을 기억할 필요가 있다. 나는 4차 산업혁명 역시 인류에게 새로운 발전의 기회를 가져다줄 거라고 믿고 있다. 인간만이 할 수 있는 일은 무궁무진하며 직업은 계속 진화할 것이기 때문이다.

토마스 프레이는 지난 수 십 년간의 연구를 바탕으로 미래시대 새롭게 탄생될 직업을 전망했다. 먼 미래의 일처럼 느껴지겠지만 그가 제시한 새로운 직업군을 토대로 아이들과 함께 진로를 고민해보는 건 어떨까.

분야	설명	새로운 직업
개인고속 수송 시 스템산업	비행기보다 2배 빠른 초고속 열차인 하이퍼루프, 공중선 로를 따라 운행하는 스카이 트렌, 터치스크린 컴퓨터 등 을 통해 자동차를 운행하는 Jpods, 진공자기부상튜브열 차 관련 산업	정거장 디자이너 건축과, 교통체증 흐름분석과, 교통체증전환자, 충격 최소화 전문가, 역 디자이너 및 설 계자, 순환엔지니어
물 수확산업	지구촌 최대과제인 물부족 해결대안. 가정이 공기 중 수 분을 식수로 만드는 개념. 가 정 단위에서 오폐수 정화시 키는 시스템으로 물을 재활 용하는 시대가 온다.	시스템 설계자, 물 정화 모니터 전 문가, 물 공급 전환자, 시스템 설계 자, 물수확 최적지 임대 관리자
자아정량화 산업	사물인터넷시대. 문맥을 해 석하는 일이 중요해진다.	정량화된 자아평가사, 데이터를 이 용해 체형, 리듬, 수치에 대입해 목 표 데이터를 산출하는 데이터 콘 텍추얼리스트, 결핍분석가, 스킬측 정자
3D프린팅 산업	비지니스를 창조적으로 파괴 할 기술 중 하나이다.	재료전문가, 디자인엔지니어, 가격 측정가, 3D프린터 잉크 개발자, 3D 프린터 쉐프, 3D프린터 패션디자 이너
빅데이터산업	소셜미디어, 블로그, 웹, 기업 보안사항 등을 안전하게 보 관, 통제, 분석하는 직업이 늘어난다.	데이터 인터페이스 전문가, 폐기용 데이터 관리자, 컴퓨터 성격 디자 이너
드론산업	분야별 드론수요가 폭발적으 로 늘어난다.	드론 분류 전문가, 드론 조종인증 전문가, 환경오염 최소화전문가, 악영향 최소화 전문가, 드론 표준 전문가, 드론 도킹 설계자 및 엔지 니어, 자동화 엔지니어

표5. 토마스 프레이가 전망한 미래직업[17]

---

17 Daum 1boon 〈세계적인 미래학자 토마스 프레이가 예측한 미래직업 Top5〉
2016. 12. 12.

7. 인공지능시대 신(新)직업

사물인터넷, 인공지능, 빅데이터, 가상현실, 3D프린팅, 드론, 생명공학, 정보보호, 응용소프트웨어 개발, 로봇공학자. 이 10가지 분야는 한국직업능력개발원에서 제시한 유망 직업군이다. 한 분야가 독립적이지 않고 서로 연결되어 시너지를 낼 수 있는 직종들이다.

인공지능 분야를 보자. 지금 이 순간에도 국내 유수의 기업들은 인공지능 분야 인재를 영입하기 위해 해외출장도 마다하지 않고 인재 모셔오기에 공을 들이고 있다. 중국 정부는 얼마 전 인공지능(AI) 굴기를 선언했다. 인공지능 시장을 선점하겠다는 의지를 전폭적인 투자와 정책을 통해 보여주고 있다.

이에 호응하듯 연구 실적 또한 선도적이다. 중국의 AI분야 논문 발표건수는 99,737건으로 미국을 제치고 세계 1위, 머신러닝 분야의 톱클래스 논문도 10건으로 1위다. 세계인공지능 발전보고서에 따르면 AI관련 기업 수는 미국이 2,905개, 중국이 709개로 세계 2위다. 이에 질세라 미국의 MIT대학에서는 10억 달러(1조1천억원)를 들여 인공지능 대학을 설립한다고 밝혔다. 50명의 교수들을 새롭게 기용하고 커리큘럼을 구성중이다. 다음 세대 기술 주도권을 잡기 위한 엄청난 투자가 이루어지고 있다.

한국은 어떨까. 예상대로 인공지능 개발에 뒤쳐졌을 뿐만 아니

분야	신직업
안전, 환경	연구실안전전문가, 온실가스관리컨설턴트, 화학물질안전관리사, 가정에코컨설턴트, 영유아안전장치설치원, 기업재난전문가, 방재전문가
건축, 주택관리, 도시재생	녹색건축전문가, 매매주택연출가, 주거복지사, BIM디자이너, 주택임대관리사, 도시재생전문가
사업서비스	민간조사원, 협동조합코디네이터, 지속가능경영전문가, 기업컨시어지, 신사업아이디어컨설턴트, 기업프로파일러, 의약품인허가전문가, 대체투자전문가, 직무능력평가사, 상품공간스토리텔러, 개인간대출전문가, 의료관광경영컨설턴트, 기술문서작성가, 공공조달지도사, 곤충컨설턴트, 할랄전문가
인터넷, 미디어	소셜미디어전문가, 미디어콘텐츠크리에이터, 디지털장의사, 사이버평판관리자
과학, 첨단기술	연구기획평가사, 연구장비전문가, 빅데이터전문가, 3D프린팅운영전문가, 과학커뮤니케이터, 정밀농업기술자, 감성인식전문가, 인공지능전문가, 홀로그램전문가, 스마트팜구축가, 사물인터넷전문가, 핀테크전문가, 증강현실전문가
해양	해양설비기본설계사, 크루즈승무원, 레저선박시설전문가
개인서비스	진로체험코디네이터, 산림치유사, 주변환경정리전문가, 생활코치, 노년플래너, 동물간호사, 전직지원전문가, 문화여가사, 임신출산육아전문가, 분쟁조정사, 문신아티스트, 정신대화사, 그린장례지도사, 애완동물행동상담원, 이혼플래너, 정신건강상담전문가(자살예방, 약물중독, 행위중독), 자동차튜닝엔지니어
의료, 보건	병원아동생활전문가, 원격진료코디네이터, 의료정보분석사

표6. 한국직업능력개발원이 제시한 미래 신(新)직업

라 생각을 현실로 구현해 낼 수 있는 역량 있는 소프트웨어 개발자도 부족하다. 기업 채용공고를 봐도 일자리의 변화는 확연히 드러난다. 침체를 겪고 있는 산업에는 신규채용이 거의 없다. 하지만 플랫폼 비즈니스, 소프트웨어 분야에서는 개발자가 필요해서 구인난이 심하다.

해마다 새로운 직업이 생겨난다. 직업은 어떻게 생겨날까. 사회 변화에 따라 개인의 라이프스타일이 변한다. 원하는 정보를 언제 어디서나 얻을 수 있고 업무의 자동화가 진행되고 근로시간도 줄면서 여가시간도 늘어나고 있다. 환경문제에도 사람들이 점점 관심을 기울이기 시작했다. 책에서만 경고하던 공기문제, 특히 미세먼지 문제는 날로 심각해지고 있다. 눈에 보이지 않는 초미세먼지가 가득한 날에는 야외활동도 어렵고 호흡조차 힘들다. 어린아이나 어르신들의 폐 건강에는 더욱 치명적이라고 한다. 자연스레 미세먼지와 관련된 직종들은 늘어날 것이다. 사람들의 불편함을 해소하는 아이디어를 현실화할 때 새로운 일거리가 생긴다. 언제나 불편은 산업을(곧 일자리를) 낳았으니까.

새롭게 부각되는 식용곤충사업

전통적인 식량생산 방식에도 변화가 일고 있다. 식용곤충 재배 사업도 그중의 하나다. 우연히 길을 지나가다가 '곤충체험'이라고 건물 외벽에 커다랗게 써놓은 곳이 궁금해 들른 적이 있었다. 곤충을 키우고 판매·체험하는 그곳을 운영하는 사람은 우리 부부 또래의 젊은 부부였다. 두 사람의 아이가 큰 딸과 같은 나이이어서 우리는 쉽게 친해질 수 있었다. 부부는 각자 다른 일을 했다가 곤충산업에 매력을 느낀 후부터 줄곧 식용곤충사업에 매진하고 있었다. 주로는 번데기를 식용으로 공급하기 위해 생산·가공하는 일을 하지만 체험 문의가 많아서 눈코 뜰 새 없이 바쁜 날들을 보내고 있었다. 고단백식으로 분류되는 식용곤충은 각종 살충제나 성장촉진제 등에서 자유롭고 맛도 좋아서 환자식으로 인기가 높다고 했다. 두 사람은 식용곤충을 키우는 것이 사업의 목적이기는 했지만 체험학습장에도 신경을 쓴다. 미래 아이들의 식량인 곤충을 일찍부터 접하고 맛보게 하는 일이 자신들의 과제라고 여기기 때문이라 했다.

미래 먹거리로 선정된 곤충은 영양학적으로도 매우 가치가 있다는 평가다. 육류에 못지않은 단백질 함량을 가진 곤충은 키울 때도 친환경적이며 경제적이다. 육류와 비슷한 단백질양을 공급하기 위해 필요한 토지는 가축에 비해 훨씬 작고 투입되는 노동력, 사료의 양, 게다가 온실가스 배출량도 비교되지 않을 정도로 적다. 그래서인지 곤충시장 규모도 점점 커지고 있다. 2011년에 1,680억 원이던 시장의 규모가 2016년에는 9,000억 원으로 성장했으며 2020년에는 2조원 대에 이를 것이라 전망한다. 곤충이 우리의 식탁에 오를 날도 머지않은 듯하다.

온라인 비즈니스 분야는 훨씬 더 커질 것이다. 온라인 유통분야를 예를 들어보자. 예전 같으면 오프라인에 점포를 만들어 구입한 물건을 매장에서 판매하여 매출을 올렸다. 하지만 이제 오프라인에만 가게를 운영한다면 망하기 십상이다. 사람들의 소비패턴이 오프라인에서 온라인으로 많이 옮겨간 탓이다. 젊은 층일수록 매장에 직접 가지 않고 온라인에서 모든 걸 해결하려 한다. 장보는 일 역시 시장에 가지 않고 온라인에서 주문한다. 고품질의 신선한 채소를 매일 아침 받아 보고 싶다는 욕구를 비즈니스로 발전시켜 만든 〈마켓컬리〉라는 회사도 있다. 창업 2년 만에 회원수가 40만 명에 이르고 매출도 550억 원에 달한다. 오프라인 매장에서의 550억 원 매출이 온라인으로 옮겨갔다는 것을 짐작할 수 있다. 오프라인 매장의 매출은 급격히 줄어들 수밖에 없는 구조다. 온라인 시장이 커진 만큼 매출을 올릴 수 있도록 도와주고 컨설팅해주는 온라인마케팅, 유통, 플랫폼, 콘텐츠 전문가의 직업은 꾸준히 수요가 늘어날 것이다.

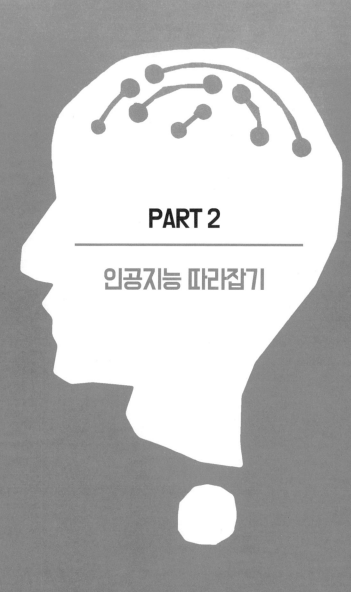

PART 2

인공지능 따라잡기

PART 2
인공지능 따라잡기

1. 인공지능 따라잡기

"아빠! 인공지능이 대체 뭐에요?"

비전문가인 내가 인공지능 관련 책을 써보겠다고 관련도서를 있는 대로 끌어 모으며 고심하는 사이 여기 저기 쌓여있던 책 제목을 보던 딸아이가 물었다. 이제껏 인공지능과 미래의 일자리에 대한 해답을 찾기 위해 고군분투하던 아빠이건만 딸아이의 기본적인 질문 하나에 헤매는 나 자신을 발견하고 말았다. 그제야 나는 인공지능과 로봇의 사전적 의미조차 제대로 찾아보지 않았다는 사실을 알게 됐다.

'로봇robot' 이라는 단어는 체코의 극작가 카렐 차페크가 1920년 발표한 희곡 '로숨의 유니버설 로봇(Rossum's Universal Robot)에서 처음 사용한데서 유래했다고 한다. 체코어 로보타 'robota'에서 유래된 단어가 로봇이다. 로보타는 허드렛일 또는 노예상태를 뜻하는데, 로봇이라는 단어 자체의 의미는 결국 인간의 노동을 대신한다는 뜻을 담고 있다.

로봇에 대한 단어의 어원을 보면 로봇의 역할에 대한 명확한 규정이 이미 그 안에 있다는 것을 알 수 있다. 많은 이들이 로봇이 인류의 노동을 대체하고 인간은 기존보다 여가시간이 늘어나면서 관련된 비즈니스가 성장할것이라고 예측한다. 인간이 하고 있는 허드렛일들을 로봇이 싹쓸이 한다면 우리의 여가시간이 급격히 늘어나지 않을까 기대해봄직도 하다.

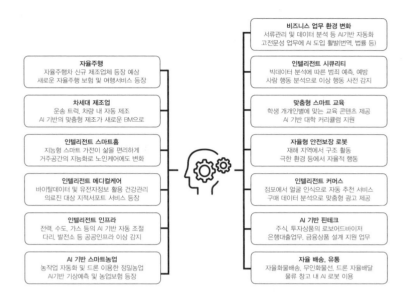

표7. 인공지능이 만드는 새로운 시장들 [1]

그렇다면 인공지능이란 무엇일까. 영어로 Artificial Intelligence라고 하는 인공지능, 한자로는 人工知能이라고 표기한다. 사전을 찾아보면 '인간의 학습능력과 추론능력, 지각능력, 자연언어의 이해능력 등을 컴퓨터 프로그램으로 실현한 기술'이라고 나온다. 한자에도 사람 인(人)과 장인 공(工)이 들어가는데 인공지능을 '인간의 일을 대신하는 능력' 정도로 해석하면 무리가 없다. 인공지능은 인간의 몇 가지 능력을 프로그램을 통해 실현할 수 있는 기술이며 어떤 형태로든 구현될 수 있다. 인공지능이 결합된 하드웨어가 로봇이다.

---

1 KT경제경영연구소

세계적으로 많은 기업들이 인공지능 개발에 뛰어들고 있다. 인공지능 기업체 수를 가장 많이 보유한 나라는 미국, 중국 순이다. 한국은 이제 막 첫 걸음을 떼고 있는 실정이다. 그동안 한국을 지탱해 왔던 조선, 자동차, 철강 산업이 성장 정체를 겪으며 관련 산업에서 일하는 노동자들은 고용불안 상황에 놓여있다. 하지만 인공지능 분야는 발전가능성이 무궁무진하다. 관련 업계는 인력이 부족상태에 있다고 전한다. 아직 진로를 정하지 않았다면 한계 산업군보다 인공지능과 같이 성장하는 산업군에 관심을 가져볼 만하다. 인공지능과 연계된 다른 산업분야도 전망이 밝다. 미국의 시장분석업체 트랜스패런시 마켓리서치는 전 세계 AI시장이 2015년 153조에서 2024년 4,366조로 성장할 거라는 보고도 내놓았다.[2]

로봇과 인공지능도 결국 인간이 만든 부산물

로봇이라는 단어의 어원에서 확인한 것처럼 인공지능은 인간의 편리를 위해 개발된 또 하나의 발명품이다. 인간이 직접 하기 어려운 일이나 위험한 일, 로봇이 더 잘하는 일을 하도록 만들어진 기계일 뿐이다. 그럼에도 인공지능에 대한 낙관론과 비관론은 팽팽히 맞선다. 일자리와 관련해서는 "인공지능 도입으로 인해 양극화가 심해진다." "일자리가 없어진다." 와 같은 부정적인 시각이 지배적이다. 인간의 산업발전 역사를 보면 기술 혁신의 중심에는 늘 사람이 있었다. 로봇과 인공지능도 결국 인간이 만든 인간을

---

2 디지털타임즈 〈153조 → 4366조원…매년 36% '고속성장'〉 2016. 3. 11.

인공지능은 인간의 몇 가지 능력을 프로그램을 통해 실현할 수 있는 기술이며 어떤 형태로든 구현될 수 있다. 인공지능이 결합된 하드웨어가 로봇이다.

위한 부산물이라는 생각에 이른다. 인공지능을 따라잡기 보다는 어떻게 내가 일하는 분야에 활용해서 생산성을 높이고 혁신을 만들 수 있을지 고민하는 게 중요하지 않을까.

2. 눈앞에서 사라지는 은행

"우리는 단기적으로 과학기술을 과대평가하는 경향이 있다.
하지만 장기적으로는 과소평가 한다."
– 아서 클라크(Arthur C. Clarke, SF소설가)

오랜만에 은행에서 일하는 친구를 만났다. 그는 대학에서 경영학을 전공하고 성실히 취업을 준비해서 탄탄한 시중은행에 입사해 근무 중인 12년차 은행원이다. 친구가 입사할 당시만 해도 은행원은 오래 안정적으로 근무할 수 있는 마지막 직장으로 여겨졌다. 모두의 부러움을 사면서 입사한 지 10년이 지난 지금 회사로 향하는 그의 발걸음은 무겁다. 은행의 대대적인 점포 축소와 인원 감축발표, 그도 모자라 인공지능을 앞세운 기술혁신이 은행원들의 업무를 조금씩 대체하며 그들의 일자리를 위협하고 있기 때문이다. '로봇 어드바이저(Robot-advisor)'라는 AI투자자의 등장은 고도의 전문성과 과감한 판단력이 필요한 금융권 핵심 업무까지 기계로 대체될 수 있다는 가능성을 여실히 보여줬다. 이러니 은행권 종사자들의 불안감은 가중될 수밖에 없는 상황이다.

"은행 그만두면 뭐 먹고 살아야 하지? 지금 배워두면 괜찮은 기술 없을까? 은행 나와서 할 수 있는 게 뭐가 있겠어. 예전에는 먼 미래라고 생각했는데 요즘 뉴스를 보면 시한부 직장생활을 하는 기분이야."

친구는 차라리 은행을 나와 기술을 배우는 건 어떨지 나에게 물었다. 심각한 고용불안 상황이 온다면 그는 새로운 길을 향해

떠날 것이다. 누군가에게는 배부른 소리일 런지 모른다. 하지만 모두가 부러워하는 직장에 다닌다 해도 저마다 각자의 고민을 안고 산다. 남들이 보기에 번듯한 직장을 가진 은행원도 진로고민에 잠을 뒤척인다.

비슷한 시기 은행입사를 목표로 취업을 준비하는 대학생을 만났다. 자기소개서에는 은행 취업에 필요한 스펙과 입사 후 포부 등이 상세히 적혀 있었다.

"특별히 은행에 입사하려는 이유가 있을까요?"

"은행원이 안정적이고 연봉이 높아서 가고 싶어요. 근무환경도 깔끔하고 복지도 좋아서요."

과연 은행원은 사라질 직업이 될까

마침 우연찮게 10년 넘게 은행에 근무한 분을 만날 기회가 있었다. 은행에서 일하다가 커리어 전환을 위해 희망퇴직을 신청한 분이었다.

"연봉 높고 안정된 은행에서 왜 나오셨나요? 결정하는데 고민이 많았을 것 같습니다."

"기술발전으로 근무환경이 엄청 빨리 바뀌는 거 같아요. 지금도 은행원 업무를 기계가 대체하고 있고 점포는 계속 축소되는데, 기계로 대체되는 똑같은 일을 하면서 몇 년간 버티는 게 큰 의미가 없을 거 같다는 생각을 오래했어요. 한 살이라도 젊을 때 커리어 전환을 위해서 은행을 퇴사하기로 결심했습니다."

현직 은행원, 은행에 들어가고 싶은 대학생 그리고 은행을 뒤

로하고 나온 퇴직자의 시각이 제각각이다.

과연 은행원은 사라질 직업이 될까. 나 역시 최근 은행에 직접 방문한 일을 떠올리자니 횟수가 손에 꼽는다. 간단한 계좌이체 및 조회, 전산업무를 스마트폰과 PC를 통해 하는 게 일상이 되었다.

실제로도 인터넷 전문은행 출범과 맞물려 은행 점포는 급격히 사라지고 있다. 한국에서 2012년 이후 5년 동안 600여 개 이상 문을 닫았고, 2016년 1분기에만 81개 지점이 없어졌다.3 2017년 스마트폰 이용고객이 11.2% 상승되는 사이 은행 영업점은 점점 문을 닫고 있다.4 시중은행들의 점포 축소 뉴스도 언론에 자주 등장한다. 게다가 인터넷 전문은행의 확산은 자연스럽게 오프라인 점포를 찾는 고객 수의 급감을 가져오고 있다. 이에 따른 인력 감축은 불가피한 노릇이다.

"전통적 지점 거래는 2017년 1분기에 이미 5%대까지 떨어졌습니다. 5% 영업을 위해 40% 인력을 배정해야 할까요. 비대면, 디지털은 필연적인 과정입니다." 씨티은행장이 발표한 은행 통폐합 명분이다. 또한 "한국은 전 세계에서 인터넷 이용률(90%) 3위, 모바일 이용률(76%) 1위뿐 아니라 온라인 상거래 이용률(72%) 2위, 모바일뱅킹 사용량(43%) 1위를 기록하고 있는 나라"라고 강조하며 비대면 거래 확장에 따른 디지털 환경대응을 통폐합 이유로 내세

3 뉴스민 〈사람이 사라지는 기술의 시대〉 2017.9.20.

4 머니투데이 〈카뱅·케뱅 효과… 인터넷뱅킹 대출 일평균 1800억원 '역대 최대'〉 2017.11.22.

웠다.5

씨티은행은 계획대로 90개의 지점을 통폐합한다. 은행을 포함한 금융 분야의 혁신은 이미 월스트리트에 들어온 인공지능 '켄쇼(Kensho)'의 사례가 소개되면서 널리 알려졌다. 켄쇼는 2000년대 초반 600여 명에 달했던 골드만삭스 뉴욕 본사 트레이더(전문거래인)들 대부분을 집으로 돌려보냈다. 수십만 달러의 연봉을 받는 전문 금융 애널리스트가 40시간 넘게 해야 하는 작업을 켄쇼는 불과 몇 분 이내에 처리하고 있다.

기업은 개인보다 먼저 세상을 내다보며 한발 앞서 미래에 대응한다. 과거 화려하게 비쳐진 은행원이라는 직업은 10년 후에도 안전할까.

은행에 다니는 지인이 앞으로 어떤 커리어를 만들어 나갈지 궁금하다.

---

5 중앙일보 〈씨티은행, 연내 지점 25개로 통폐합 … 비대면 거래 늘려 디지털 환경 대응〉 2017. 6. 16.

3. 쓰레기통에 로그인하다

"항상 거리를 뒤덮는 쓰레기문제를 어떻게 하면 해결할 수 있을까?"

연세대에 재학 중이던 권순범 씨는 대학가를 오가면서 분명히 치우는데도 계속해서 넘쳐나는 쓰레기를 보며 의문을 가졌다. 그는 문제의 원인이 쓰레기를 버리는 사람들의 질서의식 부족이나 환경미화원들의 업무태만에서 나왔다고 생각했다. 하지만 어느 날 우연히 쓰레기통에 손을 넣어 보고는 깜짝 놀라고 만다. 쓰레기통에는 빈 공간이 남아있었던 것이다. 그 즉시 그는 한 가지 획기적인 아이디어를 떠올린다. 자동으로 압축되는 쓰레기통이 바로 그것이다. 아이디어를 떠올린 직후 권 씨는 지인 두 명을 설득해 함께 청계천을 돌며 시장조사에 들어갔다. 이후 그의 팀은 6개월 만에 태양열을 이용한 압축 쓰레기통 시제품을 만들어 낸다.

쓰레기통의 놀라운 진화

〈이큐브랩〉이라는 이 회사는 2013년부터 본격적인 사업을 시작해 유럽, UAE, 호주, 중국에도 제품을 수출하며 50억여 원의 매출을 올렸다. 압축 쓰레기통은 태양광의 힘을 얻어 자동으로 움직이며, 별도의 센서가 설치되어 쓰레기가 쌓이면 자동으로 꾹꾹 눌

러주는 기능을 갖고 있다. 센서가 달린 쓰레기통은 쓰레기의 양과 쓰레기통 위치, 배터리 잔량, 수거기록, 화재발생 등 다양한 정보를 이큐브랩에서 제공하는 'Clean City Network'를 통해 실시간으로 공유하고 모니터링 한다. 실시간 정보는 쓰레기를 수거할 때 최적의 경로가 어디인지 안내하는 데에도 활용된다.6

이큐브랩은 한 청년의 생활 속 아이디어가 네트워크, 센서, IT기술과 접목되어 상품으로 개발되고 수출까지 이어진 의미 있는 사례이다. 동일한 아이디어가 IT기술이 발달되지 않은 20년 전에 나왔다면 어땠을까. 이처럼 상품수출까지 이어지려면 각고의 노력이 필요했을 것이다. 아니 시장에서 빛을 보기조차 어려웠을지 모른다. 현재의 창업 아이디어는 이큐브랩의 사례처럼 IT기술의 접목과 함께 폭발적인 성장 가능성을 가지게 됐다.

연결과 공유를 키워드로 하는 새로운 비즈니스 모델들

4차 산업혁명시대 창업은 IT기술을 기반으로 인공지능을 활용하거나 기술자체의 발전을 이용해 제품을 생산하는 것뿐만 아니다.

숙박공유 플랫폼 〈에어비앤비〉는 일반인들에게도 이미 익숙하다. 나 역시 두 해 전 가족여행으로 에어비앤비를 통해서 부산 광안리 근처 빌라에서 1박을 했다. 딸아이와 비슷한 또래 아이들이 살고 있는 빌라의 주인은 소설가인 중국인 여성과 기공을 하는 한

---

6 동아일보 〈사물인터넷 실증사업 참여 이큐브랩, 녹색 폐기물 처리 솔루션 주목〉
  2017.11.9.

국인 남성이었다. 독특한 실내 분위기에서 이국적인 조식을 먹으며 주인 내외와 이야기를 나눈 경험은 오랫동안 기억에 남았다.

에어비앤비는 전 세계에 숙소를 가지고 있는 사람들과 숙박 할 곳을 찾는 여행객들을 인터넷으로 연결해준다. 이 회사가 직접 소유한 숙소는 없다. 오로지 회사는 인터넷을 통해 숙박이 필요한 사람과 집주인을 연결할 뿐이다. 에어비앤비는 191개 이상의 국가, 3만 4천개 이상의 도시에 진출했고 이용자 수만 6천만 명이 넘는다. 에어비앤비라는 플랫폼 내에서는 우리 모두가 숙박업자이자 여행객이다.

숙박업계에 에어비앤비가 있다면 운송업계에는 〈우버〉가 있다. 스마트폰앱으로 차량과 승객을 이어주는 서비스를 제공하는 우버는 2010년 처음 서비스를 시작한 이후 2014년 6월 기업가치가 18조원까지 치솟았다. 세계 최대의 택시회사인 우버 역시 자사 차량을 소유하고 있지 않다. 마찬가지로 세계에서 가장 인기 있는 소셜미디어 페이스북도 콘텐츠를 생산하지 않는다.[7] 에어비앤비, 우버, 페이스북 이들 세 기업들은 공유경제라는 새로운 개념을 수익과 연결시키는 비즈니스 모델을 만들어서 성장했다. 이들이 선택한 것은 '연결'이고 그것은 지금까지의 산업에서 전혀 고려하지 않았던 신산업모델이다.

새로운 비즈니스 중심에는 연결과 공유라는 키워드가 있다. 불과 수년 만에 사람과 사람을 연결해주는 휴대전화는 스마트폰으

---

7 팀 던럽《노동 없는 미래》비즈니스맵, 2016.12.23. p.134

로 발전했고 이제는 사람과 사물, 사물과 사물도 연결할 수 있는 세상이 되었다. 한 미래학자는 2030년에는 1조억 개의 센서 시장이 열릴 것으로 전망했다. 연결된 세상의 중심에 센서, 네트워크 기술이 있다. 아파트, 주택, 공장, 백화점을 비롯해 인간이 생활하는 모든 공간에 센서가 부착되어 손안의 스마트폰 하나로 작동할 수 있는 시스템이 구현된다는 이야기다.

네트워킹 하드웨어, 보안 서비스 등을 제공하고 판매하는 미국의 다국적 기업 〈시스코시스템즈〉는 2020년에 500억 개의 디바이스가 인터넷에 연결될 것으로 예측했고, 인텔은 현재 100억 개인 센서가 2022년까지 1,000배가 늘어나 1조 개 규모에 달할 것이라고 전망한다.[8]

기존 쓰레기통을 다른 개념과 연결하고 새롭게 접근해 압축쓰레기통을 개발한 사례, 소유하고 있지 않지만 서로 다른 욕구를 찾아내고 연결시켜 수익을 내고 있는 비즈니스 모델 사례를 보면서 미래의 창업이란 어떤 방향이 되어야 하는 지를 가늠해 본다.

---

8 조동연 외《빅피처 2017》생각정원, 2016. 11. 9. p. 29

4. 디지털 제조혁명

불과 몇 년 전과 비교하여 같은 기능을 구현하는데 평균비용이 400배 이상 하락한 기술이 있다면 무엇일까. 바로 3D프린팅 기술이다.[9] 쉽게 말해 3D프린팅 기술은 필요한 물건을 특수소재를 이용하여 프린터로 출력해 내는 기술을 말한다. 3D프린터 방식에는 플라스틱 필라멘트 이용법, 고분자 수지에 자외선을 투사하는 방법, 분말을 접착제로 적층하는 법, 레이저 빔을 쪼여 금속 입자를 녹이는 방법 등이 있다. 제조업의 혁명이라고 극찬 받은 3D프린터. 특허로 묶여있던 기술사용권이 몇 년 전에 풀리면서 각국은 3D프린터 기술개발에 한창 열을 올리고 있다. 미국은 5,000곳 넘는 학교에 3D프린터를 배치하여 교육에도 접목하고 있다. 학생들은 직접 디자인한 물건을 프린터로 출력해 보면서 창의력과 상상력을 키운다.

나는 공작기계(CNC)를 만드는 회사에서 일하고 있다. 일반인들에게 생소한 공작기계는 '기계를 만드는 기계(Mother of Machine)'라 불리는데, 한마디로 기계에 들어가는 모든 부품들을 가공해서 만들어 낼 수 있는 기계를 칭한다. 기계부품공장에 직접 방문하지 않으면 공작기계를 볼 수 있는 기회가 적기 때문에 업계 종사자가

---

9 살림이스마일, 마이클 말론, 유리 반 헤이스트 《기하급수 시대가 온다》 청림출판, 2016. 9. 23. P. 43

아니라면 공작기계를 보기는 쉽지 않다. 하지만 대부분의 금속 가공품들은 공작기계를 통해 만들어 진다고 보면 된다. 공작기계에 프로그램을 입력한 후 공구(Tool)를 작동시키면 원하는 모양의 가공품이 만들어진다.

나는 공작기계 회사에 들어와서야 금속 가공품이 어떻게 만들어지는지 두 눈으로 직접 볼 수 있었다. 한데 몇 년 전부터 언론에 등장하기 시작한 3D프린터를 보면서 금속가공품도 3D프린터로 출력 할 수 있을지에 대한 궁금증이 생겼다.

> "3D프린터는 거의 모든 제품의 생산방식을 혁신할 잠재력
> 을 가지고 있습니다. 미국제조업의 부흥을 추진하겠습니
> 다. 전역에 3D프린터 연구센터를 개설하겠습니다."

2013년 오바마 대통령이 공언한 내용이다. 이후 3D프린터는 진화를 거듭했고 특허가 풀리고 가격이 하락하면서 일반인도 접할 수 있게 되었다. 3D프린터의 도입은 대량생산에서 소량맞춤형 1인 생산체제를 가능하도록 만들었다. 일반 개인들도 집에서 원하는 모양의 물건을 직접 설계하고 3D프린터로 출력해서 상품형태로 판매도 가능하게 된 것이다. 특히 제조업계는 신제품 개발단계 초기에 필요한 시제품에 막대한 비용을 들여야 했지만 3D프린터를 이용해 시제품을 만들어 봄으로써 시간과 비용을 수십 배 이상 줄일 수 있게 되었다. 3D프린터는 제조업 이외에도 피규어, 학교실습, 창의력 개발교육 등 쓰임새가 무궁무진하다.

2016년 '인사이드 3D프린팅 컨퍼런스' 강연에서 타일러 벤스

터(Tyler Benster)는 항공기 부품 실린더의 경우 전통적 방식으로는 제조하는데 10개월이 걸리지만, 금속용 3D프린터를 이용하면 이틀 만에 만들어낼 수 있고 후가공까지 포함해 한 달이면 생산할 수 있다고 말했다. 금속용 3D프린터가 사용되면, 인건비 하락과 공정기간 단축으로 비용이 절감되기 때문에 전통적인 제조업에 많은 영향을 줄 것이라는 전망도 내놓았다.[10]

금속용 3D프린터의 등장

〈보잉사〉는 몇 년 전 787 드림라이너(Dreamliner) 항공기에 대당 적어도 4개의 3D프린트 티타늄 부품을 사용하고 앞으로 겹겹이 쌓아 제조하는 적층제조(additive manufacturing)를 통해 3D프린팅 부품을 1,000개까지 늘릴 예정이며 이를 통해 항공기당 약 300만 달러의 생산비를 절감할 것이라고 발표했다.[11]

3D프린터 업계의 한계라고 여겨지던 재료의 종류와 출력속도의 문제도 점진적으로 해결되고 있다. 특히 우리 주변에서 쉽게 접한 3D프린터 조형물은 필라멘트로 만들어진 게 대부분이다. 필라멘트는 고강도가 요구되는 제품에는 사용하지 못하는 한계를 갖고 있는 탓에 몇 년 전부터는 공작기계 업체를 포함한 선진회사들이 금속용 3D프린터를 개발하는데 노력을 기울이고 있다고 한다. 금속용 3D프린터는 절삭가공을 통해 제품을 만드는 방식이

---

10 최현식 《2030인재의 대이동》 김영사, 2016. 11. 11. p.98~p.99

11 CIOkorea 〈보잉, 3D 프린터 활용 더 늘린다… "항공기당 300만 달러 생산비 절감"〉 2017. 4. 20.

아닌 금속분말과 레이저 용융을 이용해 금속을 절삭하지 않고 적층하면서 제품을 만들어 나가는 방식으로 작동한다. 수년 내 금속 3D프린터가 제조업 전체에 큰 변화를 가져올 거라고 전문가들은 입을 모아 이야기한다. 내가 속한 공작기계회사에서도 관심을 가질 만한 내용이다. 언젠가 대량생산을 위한 기계가 필요하지 않는 날이 올 것인가. 그렇다면 4차 산업혁명의 결과는 실로 '혁명적 사건'일 것이다.

이제는 우리 모두가 생산자

얼마 전 우연한 기회로 대학원을 졸업하고 3D프린팅 업체를 창업한 대표를 만났다. 1인 기업으로 시작해 기업용 시제품을 만들어주는 외주업무를 하다가 최근에는 교육실습용 제품, 3D프린터 교육, 창의력 개발용 교육 기자재 개발 등 업무영역을 확대하고 있는 그의 회사에서는 계속해서 일손이 부족하다고 전했다. 정부에서도 학교에 3D프린터를 도입해 아이들의 창의력과 상상력을 키울 수 있는 교육용 도구로서 사용하도록 적극 권장하고 있다고 한다. 이제는 가격 또한 낮아져 100만 원대의 3D프린터까지 출시됐다. 관심 있는 누구나 3D프린터를 통해 재미있는 물건을 직접 만들어 볼 수 있는 세상이 온 것이다.

나도 조만간 3D프린터 한 대를 구매해 보고 싶다. 아이들이 만들고 싶어 하는 장난감을 직접 눈앞에서 만들어 보여줬을 때 아이들의 표정이 궁금하다. 전 세계에 하나밖에 없는 제품을 시중 제품들처럼 그럴싸하게 출력해 낸다면 아무래도 색다른 기분이 들지 않을까.

대량생산 시스템이 다품종 소량생산 시스템을 넘어 개개인이

각자 자신의 욕구에 맞춘 '맞춤생산' 체제로 가는 길목, 우리 아이
들은 어떤 소비자가 될 지 상상해 본다.

5. 사무실로 출근하는 그가 전기를 공부하는 이유

"나 전기공부 좀 하려고."

얼마 전 대학동창과 전화통화를 했다. 모처럼의 통화에서 그
가 한 말은 뜻밖에도 전기기사가 되겠다는 것이었다.

"갑자기 무슨 전기공부야?"

"그렇게 생각하게 된 나름의 계기가 있어."

대학원에서 정치학 석사까지 마친 그가 전기기사가 되겠다고
마음먹은 사연은 이러했다.

어느 날 자정 가까운 시각 친구의 집 거실과 방 전체에 전기가
끊어지고 말았다. 다른 집들은 모두 불이 들어와 있었던 걸로 봐
서 자신의 집에만 전기가 나갔다는 것을 알게 된 친구는 단전의
원인을 찾으려고 동분서주 했지만 찾을 수 없었고 다급히 전기기
사에게 연락을 취했다.

촛불을 켠 상태에서 겨우 연락이 닿은 전기기사는 얼마 지나지
않아 집으로 와주었다. 그는 전기배선과 차단기, 전기부품 등을
확인하더니 금세 단전의 원인을 찾아내 전기를 복구시켰다. 그리
고 친구에게 청구한 금액은 20만원.

늦은 시간에 방문해 준데다 전기 없이는 아무것도 할 수 없는
상태였으니 불이 들어오고 나서는 선뜻 돈을 건넸다. 하지만 기사

가 돌아간 뒤 친구는 '와서 특별히 해준 것 같지도 않은데 20만 원씩이나 받아가다니… 나도 배웠더라면 고칠 수 있지 않았을까.'라는 생각을 하며 씁쓸한 뒷맛을 느끼고 말았다.

그 일이 있은 후 친구는 전기기사의 일에 대해 다시 한 번 생각해 보았다고 했다. 화이트칼라로 대변되는 사무직 종사자들의 업무는 인공지능 알고리즘과 자동화로 점차 대체되는 반면, 전기기사는 앞으로 더 전망이 좋을 거라는 생각이 들었단다. 전기기사는 신축 건물에서의 전기설비 설치, 노후건물의 전기수리보수 업무 등 수요가 꾸준할 것이라는 판단과 큰 장비를 필요치 않고 자신만의 기술을 이용해 서비스를 제공할 수 있다는 점에서 매력적이었다고 말이다.

사무직의 높은 대체가능성

미국에 있는 스타트업인 〈워크퓨전〉은 화이트칼라로 대표되는 사무직군을 빅데이터를 활용한 자동화 기술로 대체할 수 있도록 돕는다. 회사는 노동집약적인 작업을 크라우드소싱(Crowd-sourcing, 생산부분에서 대중들의 참여로 해결책을 얻는 방식을 일컫는다)과 자동화를 결합해 관리하는 소프트웨어 플랫폼을 기업들에게 제공함으로써 기업 내 사무직 인원을 획기적으로 줄이는 데에 기여한다.

기업에서 이곳에 서비스를 요청하면, 워크퓨전은 가장 먼저 대상이 되는 작업을 제일 먼저 분석하는 소프트웨어를 가동시킨다. 분석이 완료되면 작업 중 어떤 부분을 자동화할 수 있는지, 크라우드소싱을 할 수 있는 부분이 무엇인지, 사내인력이 수행 가능한 부분은 무엇인지 판단한다. 이러한 부분이 확실해지면 소프트웨어는 자동으로 웹사이트에 구인광고를 올리고 해당 직군에 적정한 전문가를 찾아낸다. 전문가들에게 자동으로 업무를 배정하고 성과를 평가하는 것 역시 소프트웨어가 담당한다.[12]

　단순반복적인 일자리만이 기계로 대체될 것이라는 막연한 예상과 달리 일자리 대체현상은 사무직도 예외가 될 수 없다. 실제로 우리가 다니는 회사에서 자동화로 대체할 수 있는 직군을 떠올려보자. 그러기 위해 우선 회사의 직무를 세부 작업 단위로 나눈다. 그중에서 데이터, 숫자, 분석이 필요한 업무와 지속 반복적으로 일어나는 업무들을 분류한다. 업무를 쪼갤 때 직무(Job) 단위의 대체보다는 작업(Task) 단위의 대체가능성을 고려해 업무를 나눈다. 여기까지 이르면 IT기술이나 자동화로 대체되는 사람의 업무가 무엇인지 대략적으로 그림이 나온다.

　좀 더 구체적으로 그려보자. 예를 들어 구매부서에서 A부품을 연간 5만개 이상 사들이고 있다. 회사는 구매 목표가격에 부합하는 업체를 정하고 협상과정을 거쳐 최종 가격과 업체를 결정한다. 현재는 구매담당자들이 이 업무를 진행하고 있다. 하지만 구매가 진행되는 과정에서 과거 몇 년간의 발주패턴과 소요량을 데이터를 통해 AI가 분석하고 업체들의 입찰경쟁에서 최저가 업체를 낙찰하는 방식의 알고리즘을 프로세스에 반영한다면 어떨까. 더 이상 구매담당자들이 복잡한 내부결재와 절차를 따라가며 같은 결과(A부품 5만개 발주)를 만드는데 시간을 쏟을 필요가 없어진다.

　이 외에도 사무직종 내 다양한 직무의 작업(Task)속에 컴퓨터가

12 마틴포드 《로봇의 부상》 세종서적, 2016. 3. 23. p.156

대체가능한 일들은 상당히 많다.

기자를 대신해 보도 기사를 작성하는 인공지능 로봇 '스탯 멍키'는 특정 경기의 객관적 데이터를 설득력 있는 스토리로 바꾸어 보도하는 자동화 프로그램이다. 스탯멍키를 개발한 연구팀은 〈내러티브 사이언스〉라는 벤처기업을 만들어 30초에 한 건씩 인공지능이 쓴 기사를 쏟아내고 있다. 이미 로이터와 AP통신에서도 간단한 단신뉴스는 로봇이 쓴다.

인공지능의 기사쓰기는 단신에 그치고 새로운 기획과 전문성이 필요한 보도기사는 사람이 쓸 것이라고? 안타깝게도 이마저도 인공지능 로봇이 대신할 가능성이 높아졌다. 〈LA타임즈〉에서는 지진 관련 정보를 자동으로 수집하는 퀘이크봇을 통해 실시간으로 기사를 쓰며, 영국의 〈가디언〉은 로봇이 편집하는 주간지를 발행한다.13 로봇은 정확한 데이터를 기반으로 객관적인 보도기사를 작성할 수 있다. 지금 당장 실행하지는 못하더라도 조만간 기사작성의 상당부분을 로봇이 맡아서 해줄 것이다.

서점에서 《사무인간의 탄생》이라는 눈에 띄는 책 제목을 발견한 일이 있다. 사무인간이라는 단어를 떠올리자 나와 같은 직종의 대다수 직장인들을 일컫는 사무직이 인류 역사상 극히 최근에 생겨난 노동의 형태라는 생각이 들었다. 친구의 말대로 빠르게 대체되는 사무직군에 속해 있다면 대체 불가능한 기술자로 살아가는 편이 훨씬 나은 선택일지 모른다.

---

13 econovil.com 〈'로봇이 기사를 쓰다' 로봇저널리즘, 미디어 혁신은 무리일까〉 2016.1.22.

단순반복적인 일자리만이 대체될 것이라는 막연한 예상과 달리 일자리 대체현상은 사무직도
예외가 될 수 없다.

6. AI가 사람을 뽑는다면

인사팀에서 일하는 K대리. 그는 지난주부터 월화수목금금금이다. 하반기 대규모 공채 시즌으로 얼마 전 마감된 입사지원서를 검토하기 위해서다. 근무시간만으로는 태부족이어서 주말까지 반납한 상황이다. 그가 다니는 회사는 수년째 실적이 수직 상승하면서 업계 선두로 떠오르고 있다. 취업 준비생들 사이에서도 입사하고 싶은 기업으로 손꼽힌다. 사회공헌 활동 덕분인지 대외 이미지도 좋다. 하지만 인사팀에서 채용업무만 맡아 온 지 5년째인 그에게 대내외적 회사의 성장이 반갑지만은 않다. 해마다 지원자수가 증가한데다 이번 해에는 입사지원서가 유독 많았던 탓이다. 그렇다고 정성들여 쓴 입사지원자들의 서류를 허투루 볼 수도 없다. 하루에 수 백 장의 입사지원서를 밤늦게까지 검토해서 서류합격 여부를 가려내야 하는데, 생각보다 쉽지 않다. 그는 오늘 저녁에도 집에 가지 못한 채 수 백 장의 이력서와 자기소개서 틈바구니에서 씨름하고 있다.

K대리에게 회사에서 정한 일정한 조건이 입력된 알고리즘을 통해 자동으로 입사지원서를 검토해주는 시스템을 소개해준다면 그의 업무 속도는 배가 될 것이다. 채용시즌에 어김없이 생기는 실무자들의 고충은 인공지능 기술과 만나 업계의 큰 변화를 가져오고 있다. 지금 글을 쓰고 있는 시점에서도 몇몇 대기업은 하반

기 채용진행과정에 AI자소서 시스템과 AI면접관을 도입해서 채용 프로세스를 진행 중이라는 소식이다. 상상만 했던 일이 예상보다 훨씬 빨리 현장에 도입된 셈이다. 이처럼 수천, 수만 장의 입사지원서를 정확하고 빠르게 검토하기 위해서 AI를 직접 투입하는 회사가 늘고 있다. 게다가 입사당시의 데이터를 활용해 입사 후 회사에서 만들어낼 성과를 예측하는 알고리즘도 회사인사정책에 적용한 연구결과도 있다. 면접관의 직관과 경험에 의존했던 영역이 AI와 만나면서 생각지도 못한 혁신을 일으키고 있는 것이다.

인력과 시간을 줄여주는 인공지능 면접관

IBM은 의료·법률 서비스 분야에서 이미 사용되고 있는 AI '왓슨(Watson)'을 채용 과정에 적용한 선도적인 기업이다. IBM의 채용 과정을 살펴보면, 지원자는 먼저 온라인으로 왓슨과 대화를 나눈다. 이 과정에서 왓슨은 지원자가 어떤 능력을 갖추고 있는지를 판단하고 지원자에게 회사에서 적합한 직무가 무엇인지 알려준다. 회사에 도착한 수많은 입사지원서는 왓슨이 직접 검토한다. 왓슨은 지원자의 스펙과 성향을 순식간에 파악한다. 채용 담당자가 미리 알려준 기준에 따라 왓슨이 채용 후보 20명을 선별해주면 채용 담당자는 선별된 20명의 지원서만 집중적으로 검토한다.

IBM 인재 채용 담당 부사장은 한 인터뷰에서 "지난해 IBM에는 전 세계에서 300만 명이 지원했다. 아무리 훌륭한 채용 담당자라도 입사지원서 수천 통을 들여다보다 보면 일관성을 유지할 수 없다."며 중요한 인재를 사람의 편견 때문에 놓칠 수 있다고 지적했다. 채용 담당자가 입사지원서를 하나하나 들여다보고 면접후보를 추려내는 방식으로는 4차 산업혁명시대에 맞는 인재를 빠르고 정확하게 찾아낼 수 없다는 게 핵심이다.

AI 왓슨을 도입한 뒤 IBM에서는 채용에 걸리는 시간이 85일에서 45일로 절반 가까이 줄었다. 일본 소프트뱅크 역시 AI를 채용 과정에 도입 후 신입사원 채용 서류 심사에 들어가는 시간이 680시간에서 170시간으로 줄었다고 발표했다. 글로벌 기업, 큰 회사일수록 채용 과정에 들어가는 많은 인력과 시간을 줄이기 위해 고민한다. AI를 이용한 채용이 확산될 수밖에 없는 이유다.[14]

〈소프트뱅크〉 그리월 부사장은 "AI는 숫자로 나타나지 않는 사람의 성품을 파악하는 방법을 학습하고 있다."며 "결국에는 호기심, 의사소통 능력, 감성 지능 같은 '소프트 스킬'이 중요해질 것"이라고 한다. 실제로 왓슨은 지원자가 소셜미디어에 올린 글을 분석해 그의 성격과 가치관을 유추해내는 기능을 발전시키고 있으며 미국의 AI 전문 스타트업 인터뷰는 지원자에게 온라인으로 글을 써보게 한 뒤 이를 분석해 지원자의 인지 능력과 의사소통 능력은 물론 어떤 성격을 소유한 사람인지도 분석해내는 AI를 선보였다. 소셜미디어까지 분석해서 지원자의 성향을 파악한다고 생각하니 이제 채용 시장에서 자신의 본모습을 감출 방법은 안타깝게도 없다.

구글도 구직자와 기업이 채용에 활용할 수 있는 AI 플랫폼 '클라우드잡스'를 공개 시연했다. 클라우드잡스는 인터넷에 공개된

---

14 조선일보 〈인공지능이 사람 뽑는 시대 왔다〉 2017.8.17.

각종 채용 정보를 학습해 구직자와 일자리의 미스매칭을 해소하는데 사용된다. 구글의 AI는 채용정보를 검색해 이용자가 검색 창에서 '내 주변 일자리' 등을 검색하면 구글 AI 검색 시스템이 일치하는 채용 정보를 각 사이트에서 찾아내 한꺼번에 보여준다. 구직자가 원하는 일자리를 매칭해서 자동으로 알려준다고 하는데 어느 정도까지 인간의 욕구를 충족시켜 줄지는 의문이다. 그럼에도 AI를 이용해 선제적으로 고객에게 맞춤형 정보를 제공하는 서비스는 분명 앞으로 더욱 확대될 것이다.

취준생들의 구직을 돕는 인공지능

반대의 경우는 없을까. 취업자들이 AI를 활용해 보다 맞춤형 취업준비가 가능해지는 경우를 생각해 볼 수도 있지 않을까. AI 관련 업계에 따르면 개인 맞춤형 AI 토익 학습 서비스를 하는 〈산타토익〉은 6~11문제의 진단고사만으로 학습자의 약점을 파악해 최단 시간 안에 성적을 끌어올릴 수 있는 일대일 맞춤 커리큘럼을 짜 준다. 예컨대 AI가 진단고사로 토익 예측 점수를 알려주고 학습자가 틀릴 확률이 높은 문제 중 점수가 가장 많이 오를 순서대로 문제와 강의를 추천해 효율적으로 공부할 수 있게 도와주는 것이다.

채용정보 탐색에도 AI가 활용된다. 취업포털 사이트 〈사람인〉은 AI와 빅데이터를 활용한 '아바타서치'로 구직자들의 검색 내역, 지원 이력, 이력서 등을 분석해 개인에게 적합한 채용정보를 알려준다. 취준생은 본인의 관심과 역량에 맞는 채용정보를 추천받는 만큼 불필요한 검색 시간을 단축할 수 있다. 또 지인 추천 채용 서비스 회사 〈원티드랩〉이 개발한 앱을 내려 받은 뒤 근무 분야와 경력을 입력하면 AI가 맞춤형 채용 공고를 제공한다. 본인이 아닌 지인을 추천할 수도 있다.

자소서 작성에서도 AI의 도움을 받을 수 있다. 온라인 취업 멘토링 플랫폼 〈코멘토〉는 자소서들에 사용된 100만개 이상의 언어 표현과 역량 간의 관계를 AI로 분석해 지원자의 성향과 강점을 분석해 준다. 이를 통해 희망 기업이 요구하는 역량에 부합한지 조언하고, 다른 우수 지원자와 구직자의 자소서를 비교해 자소서를 수정할 수 있도록 방향을 제시한다.[15]

전통적인 채용 과정과는 다른 인공지능이 투입된 채용 과정이 어떤 변화를 불러올 지 아직 속단하기에는 이르다. 사람은 사람만이 알아보고 평가할 수 있다는 오랜 믿음이 인공지능의 등장으로 완전히 변해버릴지 모를 일이다. 일각에서는 부작용에 대한 우려도 적지 않다. 인공지능 채용으로 취업준비생들의 부담이 더 늘어나고, 많은 시간 공들여 준비한 자기소개서가 단 몇 초 만에 합격 내지 불합격 판정이 난다는 사실은 취업준비생들에게 또 다른 좌절감을 안겨줄 수도 있을 것이다. 혹은 최근 문제가 된 채용비리가 근절될 수 있을 거라 기대를 가지는 이도 있을 것이다.

나라면 어떤 기분이 들까. 인공지능 면접관에게 평가받는 당사자라면.

---

15 서울신문 〈오답 분석·채용정보 탐색… AI, 취준생 '멘토'로 떠오르다〉 2018. 10. 29.

7. 언택트(Untact) 기술이 앞당기는 무인화시대

햄버거를 사기 위해 집 근처 패스트푸드점에 들렀다. 문을 열고 매장 안으로 들어가자 가장 먼저 눈에 띄는 건 커다란 디스플레이 화면이 달린 기계였다. 이름하야 키오스크. 첨단 멀티미디어 기기를 활용하여 음성서비스, 동영상 구현 등 이용자에게 효율적인 정보를 제공하는 무인종합안내 및 결재시스템이다. 매장 내 다른 직원들은 직접 주문 받지 않고 매장 내 조리공간에서 음식을 만드느라 바쁜 모습이었다. 기존 주문대 위에는 특정시간대의 주문을 무인으로 받겠다는 입간판이 서 있었다.

기계를 처음 이용할 때는 어색했다. 주문음식을 누르면서 음료는 어떻게 교체하는지 단품을 추가 구입하면 얼마인지 물어볼 수 없어 답답하기도 했다. 하지만 순서를 기다리면서 기계사용방법을 확인하고 한두 번 작동해보면서 사용에 익숙해졌다. 주문한 음식을 받아 나오면서 우리 생활 곳곳에 인간을 대체하는 기계들이 꽤나 많아졌다는 사실을 실감할 수 있었다.

키오스크의 설치 확대는 아르바이트 시장에 급격한 변화를 가져오고 있다. 알바생 90%가 앞으로 키오스크가 확대될 것이라고 전망하는 가운데, 키오스크의 확대가 자신의 일자리에 영향을 미칠까 걱정하는 알바생도 5명 중 3명에 이르는 것으로 나타났다. 한편 키오스크 도입 여부는 매장 이용도에 큰 영향을 미치지는 않는 것으로 나타났다. 알바몬이 설문 응답자들에게 가격, 서비스의 질, 상품군 등 다른 조건이 같다는 가정 하에 키오스크의 도입 여부만 다르다면 어떤 매장을 이용하겠느냐고 물은 결과에는 두드러진 차이가 나타나지 않았다. 절반에 가까운 응답자가 '어느 쪽이든 상관 없이 이용한다(47.4%).'고 답했으니 말이다.16

무인점포의 가파른 상승세

무인점포는 이제 낯설지 않다. 전체 매장에서 일부에 국한된 것이 아니라 거의 대부분의 일을 기계가 담당하는 곳도 생겨났다.

일본의 〈헨나(Hen-na)호텔〉은 전 세계 최초의 로봇호텔이다. 헨나는 일본어로 '이상한'이라는 뜻으로 우리식으로 하자면 '이상한 호텔'이다. 헨나호텔 입구에 들어서면 티라노사우루스 로봇이 고개 숙여 인사를 한다. 여행객이 체크인을 위해 프런트 앞에 서면 공룡 로봇은 여행객과 음성 대화를 나눈다. 이들은 일본어뿐 아니라 영어·중국어·한국어 등 총 4개 언어를 구사한다. 체크인 방법은 간단하다. 공룡 로봇 앞 테이블 위에 놓인 체크인 카드를 작성하고, 옆에 설치된 기계에 10초 안팎의 안면인식 등록을 하면 끝난다. 외국인 여행객들은 공룡 로봇의 음성 안내에 따라 여권을 터치 패널 단말에 인식시키면 체크인이 가능하다. 체크인을 마치면 룸 키가 자동으로 기계에서 나온다. 체크인 후 룸에 들어가면 달걀형 모양의 객실 로봇 타피아(Tapia)가 여행객을 맞는다. 타피아는 룸 서비스를 맡고 있는 로봇으로 음성 대화가 가능하다. 여

---

16 파이낸셜뉴스 〈알바생 5명 중 3명 "키오스크 확대에 일자리 걱정"〉 2018.11.9.

행객이 "에어컨을 켜주겠니?"라고 말하면 타피아는 에어컨을 켠다. 실내조명·TV 등 전원도 타피아가 켜고 꺼준다. 오늘의 날씨나 주변 관광명소를 물어보면 친절히 설명해준다.

헨나호텔에는 체크인을 담당하는 공룡로봇과 타피아 등 총 40대 로봇이 직원 7명과 함께 일하고 있다. 로봇도입으로 호텔은 객실료를 낮췄다. 이 호텔에서 가장 전망이 좋은 객실료는 1박에 평균 1만5000엔 수준이다. 우리나라 돈으로 15만 원 정도다.[17]

일본이 로봇산업에 선도적인 배경에는 인건비 부담, 고령화와 인구감소, 로봇산업에 대한 국가적인 투자가 이루어지고 있다는 점 등을 꼽는다. 일본은 일찌감치 4차 산업혁명의 핵심이 로봇산업에 있다고 보고 세계를 선도할 기업을 발굴, 육성하는 데에 심혈을 기울이고 있다.

미국 시애틀에 가면 '아마존고(Amazon Go)'라 적힌 간판을 단 매장이 있다. 식료품만 판매하는 아마존고에는 매장 내 계산원이 없다. 고객은 스마트폰에 등록된 QR코드를 스캔하고 매장에 들어선다. 고객이 진열장에서 원하는 물건을 고르면 아마존은 고객이 진열대에서 어떤 물건을 집었는지 컴퓨팅·센서 기술, 딥러닝 알고리즘 등으로 파악한다. 마음이 바뀌어 물건을 다시 진열대에 올려놓으면 계산목록에서도 이를 제외한다. 아마존고 매장에서 고른 물건들은 계산대로 가져갈 필요가 없다. 이곳에서는 매장에서 나오는 순간 자동으로 물건을 계산해 소비자의 계정으로 정산내역

---

17 중앙시사매거진 《"주목받는 일본 협동로봇" 사람과 함께 설거지하고 호텔 체크인 도와》 2017.8.14.

2017년 3월에 문을 연 지상 6층, 100실 규모의 헨나호텔은 전 세계 최초의 무인호텔로 입구에 들어서면 티라노사우르스 로봇이 고개 숙여 인사한다. 이들 공룡 로봇은 일본어뿐만 아니라 영어, 중국어, 한국어 등 총 4개 언어를 구사한다.

을 스마트폰으로 전송해준다.18

　한국도 대형마트와 편의점을 중심으로 무인점포를 실험하고 있다. 이미 대형매장 한 편에는 무인계산기가 설치되어 고객 스스로 계산하도록 유도하고 있다. 이제 머지않아 한국에서도 제2의 헨나호텔, 제2의 아마존고가 생겨날 것이다.

업무의 1/3이 로봇으로 대체가능

　전 세계적으로 선진국을 중심으로 한 로봇의 노동실험이 빠르게 확산되어 가고 있다. 인구감소에 따른 노동력 감소, 비용절감 차원 등 우리 사회가 직면한 여러 가지 문제를 해결하는 방안으로 로봇은 자연스러운 선택일 런지 모른다. 무인결재시스템, 무인호텔, 무인점포, 무인공장, 무인서점, 무인식당, 무인카페, 무인편의점, 무인경비시스템 등 업종과 산업을 불문하고 작은 곳에서부터 로봇의 일자리 대체 현상은 매우 활발히 진행 중이다.

　우리가 인지하지 못하는 사이 많은 수의 일자리가 로봇으로 빠르게 대체되고 있다. 2009년도에는 지하철 매표원이 사라졌다. 2020년까지 모든 고속도로의 톨게이트에서 더 이상 사람을 볼 수 없을 것이란 전망이 확실해지고 있다.

　실제로 현재 사람들이 하고 있는 업무의 3분의 1은 로봇이 대신할 수 있는 것으로 나타났다. 컨설팅회사 맥킨지가 정리한 2069종의 업무(820종 직업)의 자동화 동향 추정자료를 분석한 결과 34%에 해당하는 710종의 업무가 로봇에 의해 대체될 수 있다고 한다. 예

18 비즈니스와치 〈[AI와 일자리] ② 신기한 무인점포 미래엔 일상〉 2017.9.17.

컨대 상담원 업무의 10.5%, 의사 업무의 29.2%는 각각 로봇이 대체할 수 있는 것이다. 보고서에 따르면 여행가이드는 36%의 업무를, 트럭 운전사의 경우 64.6%의 업무를 로봇으로 대체할 수 있다.

지하철 매표원, 톨게이트 수납원, 호텔 안내원, 대형마트 캐셔 등 흑백필름에서만 보던 버스안내양처럼 아이들의 세대에서는 사라지고 말 직업들이 얼마나 많을지, 사라지는 직업들은 저임금, 단순반복 일자리에 국한되는 것인지, 로봇의 기술이 발전할수록 고임금 직군의 영역도 대체되지 않을 것인지 불안하지 않을 수 없다.

예상대로 로봇 도입이 늘어날수록 사람들의 우려도 함께 커졌다. 시간제나 파견근로자 등의 고용형태나 사무직과 생산 직종의 일자리를 가진 사람들의 우려감은 더욱 컸다.

여기에 임금이 하락할 수 있다는 주장도 나왔다. 미국의 전 미 경제연구소(NBER) 보고서에 따르면, 1000명의 근로자당 한 대의 로봇이 인간 일자리 6.2개를 감소시키고 임금 수준을 0.7% 하락시키는 것으로 나타났다.

해마다 그 해의 트랜드를 미리 정리해 보여주는 책《트랜드 코리아 2018》에서는 무인서비스를 함축하는 개념으로 사람과의 접촉 즉 콘택트(Contact)를 지운다는 의미의 언택트(Un+tact)라는 조합어를 새롭게 제시했다. 언택트는 무인항공기, 자율주행차, 사람대신 로봇이 작동하는 공장의 자동화와 같이 비대면이라는 공통 분모를 지닌 서비스를 통칭한다.[19]

---

19 김난도 외《트랜드 코리아 2018》미래의 창, 2017.10.30. p.313

전문가들은 언택트 기술이 1인 가구, 1인 기업, 감정노동에 지친 사람들, 비대면이 편한 소비자, 비용절감이 필요한 기업 등 모든 영역에서 무인화를 가속화하는 촉진제가 될 것으로 보고 있다.

무인화시대, 우리의 일자리는 어떻게 변화할까 혹은 사라질까. 아이들은 어떤 일을 하게 될까. 요즘 들어 부쩍 드는 생각이다.

8. 공대를 가라- STEM 교육과 인공지능

아이들 진로선택에 있어 중요한 의사결정 항목 중 하나는 아무래도 전공이라는 생각이다. 문과를 가야할지, 이과에 진학할지, 예체능계열을 선택할지… 성적과 적성이 뒷받침 되더라도 전공을 결정하는 문제는 쉽지 않다. 대학에 진학해서도 유연하게 전공을 변경할 수 있지만 조금이라도 일찍 자기공부를 통해 어떤 전공에 흥미를 갖고 공부해 나갈지에 대해 생각하는 건 중요한 일이다.

내가 대학에 입학할 당시는 전자관련 회사들이 잘 나가고 있던 때다. 어릴 적부터 시계, TV 등 전자기기를 분해하고 조립하는 일에 흥미를 느꼈던 나는 내심 기계공학을 공부하고 싶었지만 좀 더 앞서나가는 전공을 선택해야겠다는 생각에서 전자공학과를 택했다. 역시나 지금에 와서 생각해보면 전자공학보다는 기계공학 쪽이 나의 적성과 맞았던 듯싶다. 전공은 전자공학이지만 기계회사에서 일하고 있으니 말이다. 어쨌든 졸업 당시 전기전자인력 수요가 꾸준했기 때문에 나와 동기들은 어렵지 않게 대기업에 입사했다. 특별한 자격증도, 높은 학점도, 어학점수도 변변치 않았지만 그래도 전공의 사회적 수요 덕분에 운 좋게 취업할 수 있었다. 최근에는 상황이 많이 달라졌다. 취업은 갈수록 어려워져서 이제는 큰 사회문제가 되었다. 나 역시 요즘 취업준비생들과 비교하면 소위 말하는 '스펙'이 너무 후져서 과연 같은 길을 갈 수 있었을 지

의문이다. 워낙 취업이 힘든 시대이다 보니 취업 자체가 어려운데다 이과생보다는 문과생들의 취업이 더욱 어렵다고들 한다. '문송합니다(문과라서 죄송합니다)'라는 말도 생겼다니 긴 말이 필요 없을 듯 싶다.

수요가 이렇다보니 대학에서는 필요한 전공만 남기고 취업이 되는 전공만 남기는 구조조정을 한다는 소식도 더러 들린다. 지식의 상아탑이냐 취업사관학교냐 해묵은 논쟁을 하지만 결국 대학을 나와도 직업이라는 사회적 구성원으로서의 역할을 할 수 있는 여지가 없다면 학생들에게도 외면당할 수밖에 없어서 쉽사리 판단하기가 어렵다.

취업 면에서 유리한 공대생

문과생과 공대생의 취업을 단순 비교하자면 공대생 취업이 월등히 잘 되는 것은 사실이다. 나와 같은 과에서 친하게 지내던 지인 11명 모두가 업계 상위권 대기업에 큰 무리 없이 입사했다. 주변을 봐도 공대생들은 전공덕분에 대우를 잘 받고 회사에 입사했다. 하지만 문과 전공자들은 취업이 어려웠다. 간단한 예로 S전자에 인문계로 입사하기 위해서는 상위권 대학에 스펙도 좋아야 한다. 하지만 S전자에 공학전공자가 입사하려면 몇 가지 조건만 갖추면 문과에 비해 경쟁률도 낮고 해볼 만한 도전이 된다. S전자에서의 공대생 수요가 압도적으로 크기 때문이다. 실제 문과생과 공대생의 입사난이도만 따지면 상당한 차이가 있다.

이 현상은 기술혁신이 가속화 되면서 앞으로 더욱 벌어질지 모른다. 최근 몇 년간 상위권 공대 전공 선택의 비율이 높아졌다는 기사도 있다. 그동안 의약계열로 쏠렸던 우수 이공계 인력들이 대거 공대를 선택했기 때문이다. 이들이 공대를 선택한 이유에 대해서는 스티브 잡스와 주커버그와 같이 세상을 혁신하는 사람들에게서 영향을 받았다는 분석 기사를 흥미롭게 본 기억이 난다.

인공지능시대도 인문학도가 필요하지만 기술을 이끌어가는 주역은 엔지니어들이다. 새로운 현상을 연구하고 탐구하며 현실문제를 해결하는 솔루션도 공대가 주도하고 있다. 더욱 고도화된 지식이 필요한 빅데이타를 비롯한 인공지능 및 4차 산업혁명 분야는 웬만큼 공부해서는 손대기 어려울 정도로 진입장벽이 높기 때문에 쉽게 추격당하지 않는 직종이기도 하다. 조심스럽지만 현재의 아이들도 공대에 진학해서 관련분야를 전공한다면 졸업 후에 자신이 원하는 회사를 골라서 갈 수 있지 않을까 점쳐 본다.

지금 유치원을 다니는 아이들이 성인이 된 2030년을 상상해보자. 뜨겁게 논의되는 4차 산업혁명은 이미 실생활에 적용되어 5차, 6차 산업혁명이 논의되고 있다. 인류는 산업혁명을 거치면서 한 단계씩 발전했고 직업 생태계는 크게 변했다. 산업의 거대한 지각변동으로 뜨는 산업과 지는 산업으로 운명이 갈리고 있다. 한국을 비롯해 세계 최고 기업의 순위 랭킹을 보면 일부 산업을 제외하고는 최상위 기업에는 IT기업과 같은 첨단 산업군이 위치하고 있다. 우리가 잘 알고 있는 애플, 페이스북, 넷플릭스 등 최근 10년간 혜성처럼 나타난 기업들이 그 예다.

미래형 인재양성의 필수 STEM교육

직업의 지형도 역시 크게 변하고 있다. 그에 따른 교육에도 변화가 불가피하다는 주장에는 이견이 없다. 전 세계적으로 기술 시대에 맞춘 국가적 융합인재를 육성하기 위해 도입하고 있는 STEM교육이 그 중 하나이다. STEM이란 과학(Science), 기술(Technology), 공학(Engineering), 수학(Mathematics) 과목에 관한 주제 또는 이슈에 초점을 둔 교육을 의미한다. 간단한 설명을 덧붙이면 다음과 같다. 사물의 원리 원칙을 해명하는 학문인 과학, 과학을 통해 판명된 원리와 원칙을 이용해 재현가능성이 높고 인간이 조절하기 쉬운 상태를 만들어내는 학문인 공학, 엔지니어링의 집대성으로서 생겨나는 결과인 기술, 이 세 가지의 기초를 떠받들고 있는 학문이 바로 수학이 STEM교육의 핵심이다. STEM교육을 적극적으로 시행하는 미국은 향후 수년간 수백만 명의 STEM분야 전공 인력의 추가수요를 공급이 받쳐주지 못할 것으로 전망하여 STEM 인력 보급을 위한 교육을 설계해 운영 중이다.

복잡한 기술, 공학문제를 풀어낼 STEM인재들이 필요한 이유는 일자리 측면에서도 쉽게 이해할 수 있다. 뉴욕타임즈의 '과학과 기술의 약속'이라는 2013년 기사에서는 "2005년부터 2018년까지 미국전체의 일자리 증가율은 10%에 불과하지만 컴퓨터와 수학 분야는 33%, 생명과학 및 물리학은 21% 증가할 것으로 예상, 동일 직종 내에서의 임금 수준 또한 STEM분야의 전공생과 그 외의 전공생이 확연한 차이를 보이게 될 것이다."고 전했다.

미국 제조업계는 오는 2018년까지 일자리의 63%가 STEM교육을 필요로 하고 첨단제조 분야의 15% 이상이 STEM의 석사급 이상 학위를 가져야 할 것이라고 전망했다. 2014년 미국 채용전문 사이트가 조사한 결과를 보면 고용주가 선호하는 대학전공 상위 11개 가운데 7개가 STEM에 관련된다.[20] 이처럼 STEM 교육은 아이들이 더 많은 일자리와 더 좋은 일자리 기회를 가질 수 있도록 하는 핵심교육이 될 것이다.

통계와 신문기사를 봐도 STEM교육은 빠르게 진화하는 IT기술과 고소득 일자리를 획득하기에 확실한 방법임이 분명하다. 단순히 외운 걸 활용하고 지시한 업무를 잘 처리하는 사람보다 복잡한 문제를 해결하고 독창적인 기술을 개발하는 공학지식을 지닌 사람의 몸값은 수직급상승 중이다. 새로운 혁신기술에 거부감 없는 아이들로 키우기 위해서는 STEM교육에 노출시켜 다양성을 맛보게 하는 것도 좋은 방법이다. STEM과목을 시험으로만 접하게 하지 말고 재미있게 즐길 수 있는 체험형 교육을 통해 접하게 해야 한다. 수학, 과학, 공학 교육에서 실험과 실패를 경험하게 함으로써 아이들의 호기심을 더욱 자극할 수 있을 것이다. 인터넷시대인 만큼 굳이 학교나 학원에 보낼 필요 없이 유튜브나 인터넷에 있는 콘텐츠를 부모들이 직접 공부해서 아이들에게 STEM교육을 맛보게 하는 걸 추천한다.

우리 정부는 STEM교육에 Art를 더해서 STEAM 교육을 만들어 일선현장에서 실행하려고 계획 중이라니 아이들의 교육이 어떻게 변화할 지 지켜볼 일이다. STEAM교육이 핵심을 놓치고 보여주기에만 급급하거나 아이들의 학업 부담을 늘리는 부작용이 생기지 않도록 부모가 먼저 관심을 가져야 할 때다.

---

20 서울신문 〈뒷걸음질 치는 융합·창의 인재 양성〉 2017.11.5.

9. 1,218대 드론이 만든 오륜기

이 글을 쓰는 지금 기다렸던 평창올림픽 개막식이 막 TV에서 나오고 있다. 어느 해보다 극심한 한파에 선수들과 관계자들 모두 고생하고 있지만 지구촌 겨울축제인 동계올림픽이 대한민국 평창에서 열린다는 사실 만큼은 감동적인 일이다. 내가 정작 보고 싶었던 것은 개막식이 끝날 때쯤 선보이는 드론 오륜기 퍼포먼스였다. 1,218대가 동원된 드론 오륜기 퍼포먼스는 어떨지 상상하기가 쉽지 않았기 때문이다. 전 세계인이 지켜보는 올림픽 개막식에서 드론을 활용하는 것은 그만큼 발전한 기술을 선보인다는 의미가 컸으리라 생각한다.

개막식이 막바지에 이르자 드디어 드론 퍼포먼스가 펼쳐진다. 1,218대의 드론이 일사분란하게 스노우보드 모양 등을 만들었다가 마지막으로 오륜기를 만들어낸다. 마치 살아있는 생명체처럼 자유자재로 하늘을 날아다니며 통일된 형태를 만들어내는 드론의 군집 비행(Swarm Flying)은 평창의 밤하늘을 전 세계인이 기억하도록 만들었을 것이 분명하다.

처음 군사용으로 개발된 드론은 점점 다양한 영역으로 확대되어 사용 중이다. 광활한 농촌지역에 농약을 살포하거나 사람대신 산불을 감시하고 물류를 배송하는 등 그 쓰임이 확대되고 있다. 게다가 국가별로 드론 관련 법규를 재정비하며 드론 산업을 키우

처음 군사용으로 개발된 드론은 점점 다양한 영역으로 확대되어 사용 중이다. 2018 평창 동계올림픽대회 개막식에서 선보인 1,218대 드론이 만든 오륜기 퍼포먼스는 전 세계인들에게 드론의 가능성을 다시금 선보이는 계기가 됐다.

기 위해 전 방위로 노력중이다. 드론 자격증을 취득해서 고소득을 올릴 수 있다는 얘기도 나온다. 국내에서는 한 TV프로그램에서 유명 가수가 드론 자격증을 따면서 나이가 많은 어르신들도 드론의 존재에 대해 알게 됐다. 드론을 어떻게 활용할지에 대해서는 여러 가지 아이디어가 나올 수 있겠다. 내 경우 공장 안에서의 물류이동에 드론을 응용할 수 있는 방법을 고민해보게 된다. 도심지에서도 다급한 택배 물건은 드론으로 실어 나를 수 있지 않을까 기대해본다.

기술혁신의 바람은 자동차 분야에서도 거세게 불고 있다. 공상과학 영화에서나 볼 수 있던 무인자동차가 도로 위를 달리는 걸 상상해 본 일이 있는가. 사람 없이 자동차가 혼자 움직이는 게 가능할까라는 질문은 이제 너무 해묵은 것이 됐다. 우리가 꿈꾸는 자율주행자동차가 매일매일 빠르게 진화되고 있기 때문이다.

샌프란시스코 소재 스타트업 〈임바크〉는 자율주행트럭으로 미국 대륙 횡단에 도전했다. 자율주행트럭은 미국 서부 로스앤젤레스에서 동남부 플로리다 주 잭슨빌까지 약 3,862km를 인간의 운전자 도움 없이 주행하는데 성공한다. 임바크 최고경영자 라이언 보이코는 "우리는 트럭 5대에 자율주행 시스템을 장착해 시험하고 있고 자체적으로 자동차를 생산하는 대신 차량에 통합할 수 있는 시스템을 만들었다."고 발표했다. 이 회사는 트럭에 탑재된 센서의 머신러닝 소프트웨어와 데이터를 사용해 주변 환경을 실시간으로 맵핑하고 장애물을 피할 수 있도록 프로그램을 개발 중이다. 시스템은 5대의 카메라와 3대의 장거리 레이더, 2대의 라이더(광감지와 거리 측정 센서)로 구성되며 고속도로에서 완전 자율주행이 가능한 트럭을 만드는 게 최종 목표다.[21] 한국과 달리 광활한 대륙을 가로질러 물류운송을 담당하는 미국과 유럽의 트럭운전사들은 피곤과 위험에 상시적으로 노출되어 있어 트럭 자율주행차를 통해 더욱 안전한 물류운송이 가능할 걸로 전망한다.

자율주행버스는 우리나라에서도 이미 시범 도입됐다. 경기도는 45억원을 들여 차세대융합기술원에 의뢰해 자율주행버스인 제로셔틀을 개발했다. 제로셔틀은 지난 2018년 9월부터 성남시 판교제로시티 입구와 지하철 신분당선 판교역까지 5.5㎞를 운행하고 있다. 경기도는 2019년까지 이러한 자율주행버스를 시속 25㎞의 속도로 매일 오전과 오후 일정 시간에 제한적으로 운행한다.[21]

나의 지인들 중 한 사람은 신차를 구매하면서 레벨2(미국자동차공학회 기준)의 자율주행기능이 장착된 사양을 구매하기도 했다. 레벨2의 자동차는 고속도로에서 부분적으로 자율주행이 가능한 정도에 머물러있지만 몇 년 내로 상위 레벨의 자율주행기능이 가능한 자동차들이 속속 시장에 나올 것이라 예상된다. 그렇게 된다면 장거리 이동 시 졸음운전이나 피곤한 상태의 운전을 하지 않고도 안전하게 목적지에 다다를 수 있지 않을까.

드론과 자율주행차가 바꿔놓을 우리의 미래가 궁금해진다.

---

21 연합뉴스 〈경기도 '자율주행버스' 내달 시범운행 들어간다〉 2018.08.21.

22 이투데이 〈성큼 다가온 자율주행차 시대…스타트업, 트럭으로 미 대륙 횡단 성공〉 2018.2.7.

PART 3

4차 산업혁명시대
Education에서
희망을 캐다

PART 3
4차 산업혁명시대
Education에서
희망을 캐다

1. 질문이 사라진 교실

"이번 분기 사업계획 및 성과에 대해서 다른 의견 있으신가요?"

"……."

"별다른 의견이 없다면 여기서 회의를 마치겠습니다."

질문 없는 회의실은 대부분의 직장인에게 익숙한 풍경이다. 작은 단위의 팀 회의든, 본부급 대단위 회의든 최상급자는 자신이 하고 싶은 이야기를 끝낸 후 관례적으로 질문이 있는지를 확인하고 회의를 마무리 한다. 회의 참석자들은 마치 약속이나 한 듯 질문 없이 빨리 끝나기만을 기다린다. 나도 언제나 그 중의 한 사람이었다.

이번에는 학교로 가보자. EBS 제작팀은 수업시간에 누군가 질문을 자주 하게 되면 어떤 일이 벌어지는지 알아보기 위해 다섯 번 이상 질문할 대학생(질문맨) 한 명을 섭외했다. 제작팀은 어떤 내용이든 상관없으니 수업 중 궁금한 사항이 있으면 망설임 없이 질문을 해달라고 질문맨과 사전에 약속했다.

수업이 시작되고 시간이 한참 지났지만 질문하는 학생은 아무도 없다. 교수 목소리 이외에는 그 어떤 소리도 들리지 않는다. 간혹 교수가 학생들에게 질문하면 대부분 고개를 숙이고 눈을 피하기 바쁘다. 대답 없는 학생들에게 체념한 듯 교수는 더 이상 묻지 않고 다시 수업을 진행한다. 그때 침묵을 깨고 질문맨이 질문을 한다. 처음에는 학생들이 별로 신경쓰지 않는다. 수업 도중에 그의 질문이 몇 번 더 이어지자 어떤 학생은 황당한 표정을, 다른 학생은 짜증난 표정을, 또 다른 학생은 화가 난 표정을 짓는다.

'그냥 좀 지나갈 일이지 왜 계속 질문을 하는 거야?' 라는 무언의 압박이 느껴진다. 수업이 끝나고 제작팀은 다른 학생들에게 질문맨의 행동을 보고 어떤 생각이 들었는지 물어보았다. 소수의 학생만 질문에 대해 긍정적인 반응을 보였고 대다수는 부정적이었다. 심지어 '너무 설친다.'라고 솔직하고도 거친 발언을 한 학생도 있었다. 또 계속된 질문으로 수업에 방해를 받았다는 의견도 있었다. 질문맨은 "뒤통수가 따갑고, 긴장되고, 부끄럽기도 했다."고 실험참여 소감을 전했다.[1]

정답 찾는 일에만 열중하는 우리의 교육

한국 학생들은 교육과정을 거치면서 질문보다 정답을 찾기 위한 공부를 한다. 정답을 빠르게 잘 맞히는 사람이 똑똑한 학생으로 평가받는다. 과정이야 어찌됐든 정답만 잘 찾으면 되는 사람으로 키워진다. 그러다보니 점차 교실에서 질문하는 학생은 찾아보기 힘들고 모두가 선생님 말씀을 받아 적기 바쁘다. 혹시나 누군가 질문이라도 하면 괜한 시간 낭비하지 말라는 눈총을 받기 쉽다. 학생들은 대부분 선생님이 하는 말에 귀를 기울이면서 답안

---

1 EBS 다큐프라임 〈왜 우리는 대학에 가는가〉 6부작 2014.01.20.~2014.01.29.

을 찾기에 여념이 없다. 시험에 나오는 정답을 맞히기 위한 공부가 진짜공부라 믿고 있는 것이다. 수능시험 하나에 모든 걸 걸고 학창시절을 보내는 우리들이니 선뜻 질문하지 못하는 모습은 어쩌면 당연하다. 대학 강의실이라고 달라질까. 좋은 곳에 취업하기 위해 학점을 잘 받아야 하는 학생들은 대학 진학 후에도 받아쓰기를 계속한다. 그 대상이 교실 선생님에서 강의실 교수님으로 바뀌었을 뿐 상황은 변하지 않는다.

문제는 질문하지 않는 수동적인 자세가 학교교육현장에서 끝나지 않는다는 데에 있다. 대학을 졸업하면 진로는 다르지만 모두들 사회에 진출한다. 새롭게 벌어지는 수많은 문제들은 제각기 문제해결 원인과 방법이 다르다. 학교에서 배운 것처럼 지식을 대입해 단번에 정답을 찾아낼 수 있는 단순한 문제들도 있지만 우리를 괴롭히는 건 답 없는 문제들이다. 복잡하게 얽힌 문제들은 얽히고 얽혀 또 다시 우리 눈앞에 나타난다. 답을 빨리 찾는 데만 익숙한 학생들은 답 없는 문제를 만나면 당황하게 마련이다. 답이 없는 문제에 하나의 정답을 찾는데 골머리를 쓰면서 엄청난 에너지를 쏟아보지만 결과는 시원치 않다. 다가오는 미래에는 분명 답을 찾는 것을 넘어 문제를 만들어야 할 텐데, 정답을 찾는 일에만 골몰하게 하는 이 같은 우리의 교육 시스템은 다분히 시대착오적이라는 인상을 지울 수 없다.

"아빠 무지개 색이 일곱 개인 이유가 뭐에요?"

어느 날 딸이 물었다. 내 경우 어린 시절 어머니께 무지개 색은 무엇이냐고 물었던 것 같은데 딸은 한 수 위다. 뭐라고 대답해야 할 지 고민하다가 "아빠가 공부해서 알려줄게."라고 답한 후 얼렁 뚱땅 넘겼다. 생각해보니 무지개 색은 일곱 개가 아니다. 명명하기 쉽게 빨주노초파남보라는 경계를 만들어 놓은 것은 인간의 인식체계일 뿐 실제로는 무지개에는 수많은 색이 혼재되어 있다. 아이의 질문에 질문으로 답할 걸 그랬나 싶다. "윤영이는 저 무지개에서 빨주노초파남보 말고 다른 색은 안보여?"라고 말이다.

타인이 만들어놓은 프레임에 빠지면 답을 찾기 바쁘다. 우리는 지금까지 그렇게 훈련받아왔다. 문제에 대한 정답이 하나라면 인간보다는 기계가 훨씬 더 빠르고 정확하게 찾을 것이다. 인공지능시대에 정답 찾기는 더 이상 인간에게 필요한 자질이 아니다. 인공지능시대에는 자신만의 관점으로 사물을 바라보고 질문을 던질 수 있어야 한다. 다른 관점으로 세상을 바라보면 답은 하나에 그치지 않는다. 정답지에 없는 새로운 답도 나올 수 있다.

질문은 상대의 깊이를 속단하지 않고 잠재력을 이끌어내는 최적의 대화 수단이다. 상대방의 지식과 경험을 끌어내는 질문을 통해 전혀 예상치 못한 도움도 받게 된다. 단언컨대 내면에 잠자고 있는 지적호기심과 문제해결의지를 표현하는데 질문만큼 유용한 것은 없다.

자신의 질문에 당황하는 나를 보는 일이 재미있어서일까. 여섯 살이 되니 딸아이의 질문이 부쩍 많아진다. 당연한 것에도 질문을 던지는 아이를 통해 세상을 다시 바라보는 일이 재미있다. 아이의 질문이 계속되기를, 세상에 대한 호기심이 유지되기를 진심으로 바란다. 모든 일은 질문에서 시작되기 때문이다.

2. 기술은 마르지 않는 금광

    졸업 후 입사한 회사에서 나는 모든 업무를 새로 배워야 했다. 학업을 게을리 한 탓도 있겠지만 학교에서 배운 내용은 회사에서 통용되는 지식과는 매우 달랐기 때문이다. 회사에서 쓰이는 지식은 성과로 바로 이어져야 했기에 그만큼 빨리 소비되고 자주 변한다. 회사에서는 직급이 올라갈수록 관리업무에 대한 책임이 늘어난다. 엔지니어에서 관리자로, 실무자에서 중간관리자로 역할의 변화가 있어서다. 스스로가 현장경험이 풍부한 엔지니어로 남고 싶다 해도 조직은 그를 가만두지 않는다. 그렇다 해도 실질적인 기술이 늘지는 않는다. 설사 공학석사를 갖고 있는 사람에게 '무슨 기술을 보유하고 있습니까? 무엇을 만들어 낼 수 있습니까?' 라고 묻는다 해도 상대는 쉽게 대답할 수 없을 것이다. 학력이 기술을 만들어내지는 않는 까닭이다.

실질적인 기술이 주는 폭넓은 기회

    '좋은 학벌 = 성공'이라는 공식이 깨지고 있다. 명문대 졸업장만 갖고도 원하는 대기업에 쉽게 입사하던 시절이 있었지만 그야말로 옛날 일이 됐다. 학벌에 대한 인식은 점점 변화하고 있고 기업의 채용과정에서도 학벌보다는 지원자가 무엇을 할 수 있는지 그 사람의 역량을 검증하는 일에 더 집중한다.

직업의 세계에서 기술이라고 하면 무언가를 만들어 내거나 고치는 생산적인 장면을 떠올릴 수 있다. 예를 들어 용접, 목공, 집수리, 자동차 정비와 같은 실질적인 기술이 그것이다. 직업전문학교나 전문대학에서 주로 가르치는 이 같은 기술(Hard skill)에 기회가 많다. 학위가 없더라도 실제로 만들고 구현해 내는 기술을 보유하고 있다면 미래 직업시장에서 충분히 성공할 수 있다는 점을 강조하고 싶다.

남들이 가는대로 4년제 대학 문과계열에 진학한 청년이 있다. 군대를 다녀온 그는 취업 걱정을 쏟아놓는 선배들의 하소연을 들으면서 갈수록 원하는 곳에 취업하기는 어렵다는 판단을 내렸다. 그는 과감히 졸업장을 포기하고 전문대에 입학했다. 철강회사를 목표로 관련된 자격증을 치열하게 공부한 결과 제선 제강 압연 기능사, 침투비파괴검사 기능사, 금속재료산업기사, 공유압 기능사, 설비보전 기능사, 기계정비산업기사 등 10여개 자격증을 취득한 후 마침내 원하던 기업에 입사했다.[2]

기술을 익혀 하루빨리 산업현장에 뛰어 드는 게 낫다는 생각으로 4년제 대학에서 전문대로 유턴하는 학생 수가 꾸준히 증가하고 있다. 전국 전문대학이 내놓은 '2012~2016년 일반대학(4년제) 졸업 후 전문대학 유턴입학 현황' 자료에 따르면 4년제 대학을 졸업하고 전문대로 재입학하여 다니는 학생이 6,412명이며 전문대 유턴입학자 수도 매년 증가해 2012년도 1,102명에서 2016년도에

---

2 매일신문 〈대졸 간판보다 전문대로 U턴〉 2017.6.14.

는 1,395명으로 늘어났다고 전한다.[3]

젊은 목수의 사례도 눈여겨 볼 만 하다. 건축과 디자인을 전공한 청년은 직접 집수리를 하고 인테리어 상담을 하면서 건축사무소에 나가는 대신 홀로서기를 결심했다. 대학원을 졸업한 후 건축사무소에서 멋지게 설계 일을 하는 꿈을 꾸기도 했지만, 실제 건축이 이루어지는 밑바닥에서 실전기술을 익힌 후 취업을 해보자고 했던 생각이 창업으로 발전한 경우다. 일찍 현장에 나가 CEO가 된 이 청년은 과거 인테리어 시장에 진입한 선배들보다 경험은 적지만 열정과 소통 그리고 젊은 디자인 감각으로 고객층을 확대해 나가고 있다.

실무에서 바로 써먹을 수 있는 기술을 추천하자

자신이 잘하고 관심 있는 분야에서 사회가 요구하는 수준의 실무기술이 있다면 기회는 사방에서 찾아온다. 나만이 할 수 있고 진입장벽이 높고 사회에 필요한 기술을 익힌다면 직장에서 일하든 홀로 독립하든 성공의 기회는 얼마든지 있다. 학위취득에서 벗어나 조금 다른 시각으로 주변을 둘러보면 자기만의 고유한 기술로 업계에서 성공한 사례들도 많다. 4년제 대학을 졸업해 사무직, 관리직 업무를 하는 과거 직장생활의 공식에서 벗어나 자신만의 고유한 기술로 조직에 기여하고 수입을 올리는 사례는 점차 늘어날 것이다. 일류학벌로 평생을 보장 받고 먹고 살 수 있는 시대는 이미 과거의 일인지 모른다. 심지어 전문대 유턴 입학생 중에는

---

3 국제뉴스 〈전재수 의원 '전문대 유턴입학' 5년간 지속적 ↑ 〉 2016. 9. 23.

내로라하는 일류대를 졸업하고도 기계 설계실무를 공부하고 싶어서 다시 전문대에 입학한 경우도 적지 않다.

'기술은 마르지 않는 금광'이라는 외국속담이 있다. 좋아 보이고 폼 나는 일이 아니더라도 실무에서 바로 써먹을 수 있는 기술을 자녀들에게 추천해보는 건 어떨까. 기술을 배우면서 관련된 지식을 공부하고 현장에서 응용해 나간다면 그 분야에서 어느 순간 고수가 되어 있는 자신을 발견하게 될지 모른다.

3. 인공지능시대 인재의 정의

> "과거에는 사람이 우선이었지만, 미래에는 시스템이 우선되어야 한다.
> 결코 유능한 인재가 필요하지 않다는 의미가 아니다.
> 오히려 유용한 시스템의 첫 번째 목적은
> 최고의 인재를 개발하는 데 있어야 한다는 것이다."
> — 프레드릭 테일러(Frederick Winslow Taylor, 미국 경영학자)

"이 회사에 뼈를 묻을 각오로 충성을 다하겠습니다."

번역 플랫폼 전문회사 〈플리토〉 면접에서 '면접광탈'을 원한다면 위와 같이 말하면 된다. 베이비부머 세대에게 이 말을 전한다면 그들은 자신의 귀를 의심할지 모른다. 그들이 면접을 받던 시대에는 다분히 기업이 원하는 대답이었을 테니 말이다.

전 세계에 하루 평균 7만 건의 번역서비스를 제공하는 스타트업 플리토. 이 회사의 이정수 대표는 "부모님 말씀 잘 듣는 사람도 드문 판에 회사에 몸과 마음을 바칠 사람이 몇이나 되겠느냐, 정치인 거짓말 같아서 싫다."며 "설령 그 말이 진심이라 해도 자기 운명을 회사에 맡기려 드는 사람은 그리 달갑지 않다."고 말한다. 오히려 "여기서 일 배워서 창업하거나 대학원에 가고 싶다."고 답하면 괜찮은 점수를 줄 수 있다고 전한다. 이정수 대표는 "우리는 그저 먹고 살려 입사하는 사람보다 본인 꿈을 위해 길을 닦는 사람을 좋아한다."고 강조한다. [4]

---

[4] 잡스엔 〈면접에서 "충성하겠다"하면 바로 탈락한다는 회사의 정체〉 2018. 1. 7.

과거에는 회사에 뼈를 묻고 충성하는 사람이 인재였다면 최근 기업들이 원하는 인재상은 전혀 다르다. 대체적으로 플리토 이정수 대표의 말처럼 자신의 꿈과 목표를 위해 스스로 역량을 키우는 사람이 진정한 인재로 인정하는 분위기다. 조직에 매몰되지 않고 자신의 성장에 관심을 두는 사람이 자아실현도 하고 회사에서도 더욱 높은 성과를 낸다는 걸 확인해온 결과다.

확연히 달라진 인재의 기준

당신이 이 책을 읽는 이유는 무엇인가. 아마도 아이들이 인공지능시대에 어떻게 하면 안정적이고 좋은 직업을 갖고 행복한 삶을 살 수 있는 힌트를 조금이나마 얻고 싶어서가 아닐까 한다. 뜬금없이 이런 질문을 하는 이유는 자녀교육에 대한 현실적인 측면을 고려해야 만이 아이들의 신로에 조금이나마 도움을 줄 수 있다고 여기기 때문이다. 4차 산업혁명, 인공지능과 각종 기술들은 매일 매일 쏟아져 나오고 기사를 읽기에도 벅찬 나와 같은 부모들에게 기사는 기사일 뿐 우리 아이의 학교교육이나 사교육에서의 기존 선택에는 큰 영향을 주지 못하고 있다. 우리의 부모세대처럼 다른 아이들이 학원을 다니기에 똑같이 학원을 보내고, 여유시간에 무엇을 시켜야 할 지 몰라 또 다른 학원을 보낸다. 지금의 부모들이야 어찌됐건 일자리를 사수하며 버틴다고 해도 아이들이 사회에 진출하게 될 수년 뒤를 상상해보면 과연 이러한 선택이 바람직한 것인지 회의감이 드는 게 사실이다.

한 미래학자는 "과거 20년 전 발전 속도와 비교할 수 없을 정도로 앞으로의 20년은 엄청나게 빠르게 변할 것이다."고 말했다.

교육을 받는 현실적인 목적은 무엇일까. 성숙한 인간이 되기 위해서? 자아실현을 위해서? 모두가 알고 있듯이 우리의 모든 교육은 바로 '취업'이라는 목표지점을 향해있다. 안정적이고 소득이 높은 직장 또는 직업을 갖기 위해 우리는 초중고교 12년을 거쳐 대학교까지 혹은 대학원까지 치열하게 공부한다. 모두가 취업이 목표는 아니겠지만 대부분은 그렇다 해도 과언이 아니다. 취업이 아닌 다른 길을 생각하기에 한국에서의 선택지는 그리 많지 않으니 말이다.

이 같은 논리에 동의한다면 기업에서 사람을 뽑는 채용방식과 사회에서 원하는 인재의 기준이 변화하는 것에 관심을 가져야 한다. 소위 말하는 일하기 좋은 직장에서 어떤 사람을 채용하는 지를 보아야 한다는 이야기다. 과거 고도성장 시절에야 대규모 시스템을 유지하기 위해 관료제 성격의 관리자들을 대거 뽑아야 했다. 하지만 최근 기업에서 필요한 인원은 이들 시스템을 관리할 몇 명에 불과하다. 굳이 채용규모를 늘리지 않아도 수익창출이 가능한 시스템이 구축되었기 때문이다.[5]

인간만이 할 수 있는 역량 개발의 필요성

2015년 8월 울산과학기술원(유니스트)을 졸업한 김태훈 씨는 산업기능요원을 마치고 곧바로 미국 비영리 AI 연구기업 〈'오픈 AIOpen AI)'〉에 개발자로 합류한다. 졸업 후 3년간 산업기능요원

5 김도윤, 제갈현열 《인사담당자 100명의 비밀녹취록》 한빛비즈, 2017. 2. 17. p.23~p.31

으로 병역을 마치자마자 세계무대로 진출하게 된 것이다. 오픈AI는 테슬라의 창업주 일론 머스크 등 실리콘 밸리의 유명 인사들이 안전한 인공지능을 구현하기 위해 설립한 AI 기업이다. 그는 대학 재학 시절 딥마인드와 애플 논문의 비공개 코드를 구현해 20여 차례 오픈소스로 공개했던 경험이 있다. 그때의 성과를 눈여겨 본 유수의 글로벌 회사에서 그에게 함께 일하자고 제안을 해왔다고 한다. 2014년 국내 최초로 국제슈퍼컴퓨터대회 본선에도 진출했고, 2013년에는 '화이트햇 콘테스트('화이트햇(화이트해커)'은 악의를 가진 블랙 해커의 공격을 예방하고 보안기술을 만드는 최고의 보안전문가를 말한다.)'에서 국방부 장관상도 받았다. 그가 실리콘 밸리 오픈 AI회사로 가면서 받게 되는 연봉은 30~50만 달러(3억3400만원~5억5700만원)에 달하는 것으로 알려졌다.6

4차 산업혁명시대 세상이 원하는 인재의 기준과 국내 대기업이 원하는 인재의 기준을 비교했을 때 그 차이점은 무엇일까.

우리 시대 인재 기준에 대해 권위 있는 연구기관과 학회에서 발표한 내용을 살펴본다. 세계경제포럼은 AI·로봇 시대의 16가지 생존 기술을 정리했다. 여기서 제시한 기술은 비판적 사고, 문제 해결 능력, 창의력, 소통 능력, 협동 능력이다. 국내 연구기관과 전문가들이 말하는 인재상과도 유사하다. 로봇이 못하는 인간만이 할 수 있는 역량은 중요하다. 특히 전문가들은 문제해결능력, 창의력, 협업능력을 내세우며 인재를 양성해야 된다고 입을 모은다.

그에 반해 현재까지 국내 기업들은 자신들의 성장과정에서 정

---

6 중앙일보 〈26세 UNIST 졸업생, '연봉 3억' 실리콘밸리서 모셔간다〉 2018.8.27.

형화된 인재가 필요했다. 즉 회사의 시스템에 잘 순응하고 상사의 말에 복종하며 철저한 자기관리를 바탕으로 회사에 희생할 수 있는 사람이 인재로 대우 받았다. 물론 앞으로도 그러리라는 보장은 없다.

인공지능시대 진짜 인재는 누구일까. 답 맞추기에 능한 게 아니라 문제를 발견하고 해결책을 제시하는 사람, 세상에 호기심을 갖고 주도적인 학습을 즐기는 사람, 인공지능을 여러 분야에 활용해 혁신을 이끌어 가는 사람이 아닐까.

4. 2030년 대학의 미래

"아빠! 저 역에 있는 기차가 서울까지 쭈~욱 연결되어 있으면 기차를 타자마자 서울에 가게 되지, 그치?"

서울에 사는 삼촌을 가까운 역에 바래다주고 돌아오는 길, 큰 딸이 물었다. 이제 막 6살이 된 아이가 던지는 기발한 질문에 머뭇 거리고 말았다. 제 깐에는 삼촌과 헤어지기 싫어서, 삼촌이 있는 서울에 단박에 가고 싶어서 던진 질문일지 모르나 어른이 된 나로 서는 시간과 공간의 개념을 뒤집어버린 아인슈타인의 획기적인 아이디어가 거칠게나마 아이의 머릿속에서 그려졌다는 사실이 놀 라웠다. 모든 아이들은 과학자라는 말은 이래서 나왔나보다 싶다.

한국 아이들의 창의력과 영민함은 이미 세계적으로도 유명하 다. 문제는 월등한 실력을 나타내던 아이들도 자라고 나면 실력이 엇비슷해지는데다 사고의 깊이도 그다지 깊어지지 않는 데에 있 다. 더 큰 문제는 아이들 자신이 행복하지 않다고 여기며 고학년 이 될수록 공부에 흥미를 잃는 것이다.

천재 소년 송유근 씨 사례로 본 한국교육의 문제점

'천재 소년'으로 유명세를 떨쳤던 송유근 씨의 사례는 이 같은 우리 교육에 대해 또 한 번 회의감을 갖게 했다. 그는 6살에 아인

슈타인의 상대성이론을 이해하고(딸과 같은 나이다!) 대학 수준 미적분 문제를 풀어내 천재 소년으로 화제를 모았다. 검정고시로 중·고교 과정을 마친 뒤 8살에 인하대 자연과학계열에 입학했다. 하지만 대학교에 적응하지 못한 그는 대학에서 중퇴한 뒤 독학사로 전자계산학 학사 학위를 받았다.

송유근 씨가 다시 한 번 언론과 여론에 주목을 받은 것은 그가 낸 박사학위 논문이 표절논란에 휩싸이면서였다. 그는 졸업을 앞둔 박사 학위 논문 최종심사에서 불합격 판정을 받으면서 졸업 연한인 8년 안에 졸업하는 데에 실패했고 안타깝게도 졸업이 아닌 '수료'로 과정을 마치게 됐다. (그가 8살에 입학한 전국 32개 과학기술 분야 정부 출연연구소가 참여하는 국가연구소 대학원인 과학기술연합대학원대학교(UST) 한국천문연구원의 졸업연한은 8년이다.) 천재 소년으로 각인됐던 그가 박사 학위를 마치지 못하고 학교를 떠나게 된 것이다. 송유근 씨는 수료 후 군에 입대할 예정이라고 한다. 그가 박사학위를 받기 위해서는 제대 후 새로운 대학원에 입학해야 한다.

송유근 씨의 사례는 우리에게 많은 시사점을 던져준다. 천재를 키워낼 교육 시스템이 한국에서 가능하기나 한 것일까, 타고난 천재성이 아이들의 일상적 행복을 빼앗는 문제를 낳지는 않을까, 또 아이들의 성취에 주목한 나머지 아이들의 행복은 염두해 두지 않은 것이 아닐까… 인생에서 아마도 처음이자 가장 큰 실패를 경험한 송유근 씨에게 아쉬운 것은 박사학위가 아니라 동네 아이들과 함께 신나게 뛰어 놀고 같은 반 여학생을 짝사랑하는 가슴 뛰는 경험을 하는 그저 그런 평범한 어린 시절이 아니었을까, 라는 생

각에 이르면 사회와 어른을 대신해 그에게 사과를 전하고픈 심정
이 되고 만다.

이처럼 천재를 제대로 키워내지 못하는 우리네 교육 시스템의
악명을 익히 들어왔던지라 최근에는 곧 초등학생이 되는 딸아이
의 부모로서 미래의 학교는 어떤 모습일지 관심을 갖게 됐다. 특
히 우리의 전 교육 과정이 대학교 입학에 맞춰져 있는 만큼 대학
의 변화는 주요한 이슈거리다.

총 6개 도시에서 학기마다 돌아가며 공부하는 대학

이에 세계가 주목하는 〈미네르바 대학〉은 흥미를 당겼다. 4차
산업혁명에 맞춘 인재를 기르기 위해 2012년 설립된 미네르바 대
학의 2017년 응시생은 21,000명. 220명을 뽑는 정원에 약 100배
나. 이 정도면 하버드대학교보다 입학하기 어렵다는 말이 거짓말
이 아니라는 걸 실감한다. 입학생 감소로 대학의 문을 닫는 우리
네 지방대학의 현실과는 완전히 다른 모습이다.

개교 6년 밖에 안 된 이 학교에 전 세계 학생들이 몰리는 이유
는 무엇일까. 많은 전문가들은 우선 이 학교의 독특한 교육방식과
운영방식에서 그 해답을 찾는다. 미네르바 대학의 주 캠퍼스는 미
국 샌프란시스코에 있다. 재학생들은 1년만 메인 캠퍼스에서 생활
하고 나머지 3년은 세계 6개 도시를 옮겨 다니며 공부한다. 그 중
에는 서울도 포함되어 있다. (나머지 도시들은 영국 런던, 독일 베를린, 아
르헨티나 부에노스아이레스, 대만 타이페이, 인도 하이데라바드이다.) 학생들
은 재학기간 동안 총 6개 도시에서 학기마다 돌아가며 공부하게
된다. 평균 한 학기마다 나라를 바꿔 공부하는 셈이다. 여러 국가

의 국제적 경험과 한 쪽에 치우치지 않는 다양한 사고력, 풍부한 시야를 확보하고자하는 학교의 취지가 반영된 결과다.

미네르바 대학의 모든 수업은 온라인으로 진행된다. '엑티브 러닝 포럼'이라 불리는 비디오 채팅이 미네르바 대학의 강의실이다. 인터넷에서 교수와 학생들이 만나 진행하는 토론식 실시간 화상 수업이다. 이들 온라인 수업은 교수들의 일방적 주입식 강의가 아닌 학생들의 참여를 이끌어내는 토론식 강의로 진행된다. 모든 수업은 녹화되고 학생들은 본인이 놓친 부분이나 부족한 부분에 대해서 계속 복습하고 언제든지 교수의 피드백을 받을 수도 있다. 저명한 교수들의 지도를 저렴한 비용에 받을 수 있으니 인기가 높은 것은 당연지사다.

우리나라에도 독특한 대학이 있어 주목해 볼 만하다. 대학이름이 〈큐니버시티(Qniversity)〉이다. 큐니버시티는 대학과 호기심이라는 단어를 결합한 이름 그대로 기존 대학교들과는 달리 자신이 연구하고 싶은 분야를 정해 스스로 공부하고 논문, 책을 내는 대학이다.

이 대학의 총장은 의대를 중퇴한 최성호 씨다. 그는 대학을 중퇴한 사람답게 기존 기득권 대학과는 전혀 다른 형태의 대학 플랫폼을 만들었다. 큐니버시티는 미네르바 대학처럼 고정된 캠퍼스가 없을 뿐만 아니라 교수도 없다. 이곳에서는 오로지 자기 자신이 배움의 대상이자 과제를 내는 교수가 된다.

최성호 총장은 "학교에 들어갈 때는 모두 각기 다른 개성을 갖고 들어가는데 왜 졸업할 때가 되면 똑같은 사람이 돼서 나올까?"

라는 질문에서 큐니버시티를 시작했다고 한다. 큐니버시티의 Q는 질문하는(Question) 대학, 찾는(Quest) 대학, 호기심을 잃지 않는(Qurious-원래는 curious이나 발음에서 차용) 대학이란 의미인데, 여기서는 모든 사람이 학생이자 교수이고, 이들을 연구원이라 부른다.7

연구 주제도 독특하다. 시간을 천천히 흐르게 하는 법, 마이클 잭슨이 세계에 미친 영향 등 기존 대학에서는 전혀 다루지 않지만 누구나 흥미를 느끼게 되는 주제들이다. 큐니버시티의 장점은 그야말로 누구나 접속하면 재학생이 된다는 것이다. 나이와 국적, 과거 학창시절 점수는 호기심을 배움으로 연결하는 데에 아무 상관이 없다.

2030년 딸아이가 대학을 고민할 때쯤 대학은 어떤 모습일까. 아이들은 어떤 형태로 학습하게 될까. 앞으로 우리 사회에는 미네르바 대학, 큐니버시티 외에도 대안적 형태의 학습기관들이 속속 생겨나게 될 것이다. 학생 하나당 하나의 개별적인 대학이 만들어지는 시대가 오지 않을까.

모든 것은 불확실하다. 다만 분명한 것은 지금의 대학이 변해야 한다는 사실이다.

---

7 비즈한국 〈"모두가 특별한 대학 꿈꿔요"〉 2018. 2. 28.

5. 1년 동안 30개 직업에 도전하다

대학을 졸업하면서 어떤 일을 해야겠다는 확신을 갖고 사회에
나온 사람이 얼마나 될까. 오래전부터 자신이 꿈꾸던 일을 정하고
그것을 실현하기 위해 일관성을 갖고 준비한 사람은 많지 않은 것
같다. 대부분 직접 경험하지 못한 채 간접경험을 통해 직업과 일
에 대한 경로를 정한다. 일단은 회사에 들어가기 위해, 사회적으
로 인정받는 직업을 갖기 위해, 돈을 많이 혹은 적게나마 벌 수 있
어서 일을 시작하지만 얼마 지나지 않아 후회하는 경우도 흔하다.
일이 힘들다거나 원하지 않는 일이라거나 보람을 느끼지 못한다
거나 등 후회의 이유는 다양하다.

100세 시대라는 요즘, 직업을 3~4개쯤 갖는 일은 별로 특이할
것도 없는 세상이 됐다. 평생 한 가지 직업으로 살아가기도 어렵
거니와 한 번에 여러 가지 일들을 동시에 하는 사람도 많아진 때
문에 가능한 일이다.

여러 직업을 거쳤거나 한 번에 여러 직업을 겸업하더라도 딱 마
음에 드는 일, 적성에 맞는 일을 찾기에는 여전히 어려움이 따른다.
벨기에 사는 로라 역시 마찬가지였다. 20대 후반에 이미 문화 이
벤트와 연관된 5개의 직업을 거친 그녀는 정말 좋아하는 직업을 찾
을 수 없을 거라는 무력함에 빠진 상태였다. 그러던 차에 마침내 전
문가의 도움을 받기로 결심한 그녀는 무료로 직업 상담을 받고 새
로운 직업을 찾기에 이른다. (벨기에에서는 12개월 이상 근무 경력이 있는
직장인이라면 누구나 무료로 직업 상담을 받을 기회가 주어진다.) 상담을 신청

한 로라는 성격검사를 하고 상담을 받으면서 지금까지의 직업이 그
녀 자신의 성격과는 전혀 맞지 않는다는 결과를 통보 받는다. 이때
부터 로라는 자신에게 맞는 직업이 무엇인지 고민하기 시작했고 상
담사는 로라에게 그녀가 꿈꾸는 직업과 존경하는 유명인들의 직업
목록을 적도록 지시했다. 그러나 다음 상담 때 로라가 몇 페이지에
거쳐 꽉꽉 채워온 직업목록을 보고는 상담사도 로라만큼 혼란에 빠
진다. 로라는 당시를 떠올리며 말했다.

자신에게 맞는 직업을 찾기 위한 1년

"상담사는 어디서부터 시작해야 할지, 제게 어떤 조언을 해
줘야 할지 몰라 쩔쩔 맸어요. 결국 아무런 답도 얻지 못하고 상
담을 그만뒀죠. 친구들한테 두어 달 동안 불평만 하고 있으려니
문득 리스크가 따르더라도 실험을 해봐야겠다는 생각이 들었어
요."

이로써 로라는 한 가지 실험해보기로 한다.

"서른 번째 생일 때까지 1년 동안 30가지 직업에 도전해보기로
했어요. 제게 맞는 직업을 찾는 데 1년이라는 시간을 통째로 쏟아
붓기로 한 거죠. 요즘 저는 음악 행사의 프로그램 기획자로 아르
바이트를 하면서 생활비를 벌어요. 나머지 시간에는 평소 제가 동
경해온 직업이나, 흥미를 가진 직업에 대해 조사하죠. 실제로 그
일을 하는 사람에게 연락해서 한 달만이라도 함께 일할 수 없는지
물어보고 기회를 달라고 부탁해요. 지금까지 패션사진작가, 숙박
업소 리뷰작가, 광고회사의 크리에이티브 디렉터, 고양이 호텔 사
장, 유럽의회 의원, 재활용 센터 소장, 유스호스텔 매니저 같은 사

람에게 부탁해서 그들과 함께 일하며 그 직업을 체험해봤어요."8

1년 동안 30가지 직업에 도전하는 동안 그녀는 생각하고 계획을 세우는 게 아니라 직접 그 일을 해보는 게 중요하다는 사실을 깨달았다. 로먼 크르즈나릭의 책《인생학교》중 '일' 편에 나오는 이야기다.

우리는 먼저 생각하고 계획만 세우며 나중에 해봐야지라고 실행을 미룬다. 직업을 선택할 때도 마찬가지다. 미래의 직업을 정해놓고 그 길로 달려간다. 하지만 그 일에 대해 간접 경험조차 없이 곧장 그 직업(직장)으로 뛰어든다는 건 상당히 무모한 도전이 아닐까. 수 년 혹은 수십 년 동안 종사하게 될 직업을 정하는 일을 이렇게 주먹구구식으로 정해도 되는 걸까 의문이 생긴다. 하지만 안타깝게도 대부분의 사람들이 직업에 대한 기대와 상상만으로 직장생활을 시작한다. 그러다보니 많은 사람들이 그토록 원하던 직업세계에 들어가서는 막상 입사 전 생각하던 것과 다르다는 걸 느낀다. 로라의 사례를 통해 '먼저 행동하고 나중에 고민하라.'는 말이 직업선택에 있어서 매우 유용한 조언이라는 걸 알 수 있다.

사람의 마음속에는 수많은 잠재적 자아가 있다. 지금까지 내가 알던 나의 모습 그리고 내안에 숨겨진 다른 잠재적 자아는 나를 더욱 성장시킬 수 있는 가능성들이다. 살아가면서 직업을 찾기 위해 적성검사, 진로 상담, 여러 가지 시험을 통해 성격과 성향을 파악하고 자신에게 적합한 직업을 찾는 일은 매우 중요하다 여겨

8 로먼 크르즈나릭《인생학교》'일'편. 쌤앤파커스, 2013.1.11.

진다. 하지만 누군가의 성격과 적성을 짧은 시간에 분석해서 진로
와 직업을 추천하기란 쉽지 않다. 또한 인공지능이 인간과 공존하
는 시대에는 과거처럼 안정성이나 수입의 측면에서 직업을 선택
할 수도 없다. 선택된 직종이 조만간 사라질 확률이 적지 않고 가
치관도 계속 변하기 때문이다. 과거의 기준으로 어떤 분야가 유망
하다고 한 가지 직업을 점찍기에도 위험부담이 따른다. 직업선택
의 스펙트럼이 상당히 넓어지는 까닭이다.

  그보다는 앞으로의 인생에서는 최소 3가지의 일 이상에 종사
한다는 생각을 가지고 여러 가지 직업을 직간접적으로 경험해 보
는 건 어떨까. 아이들에게도 다양한 직업에 대해 미리부터 관심을
가질 수 있도록 함께 여러 가지 직업을 알아보면 좋겠다. 동시에
서너 가지 일을 해보는 것도 추천할 만하다. 머지않아 우리는 한
우물만 파다가는 큰 코 다칠 수 있다는 걸 속담으로 전하게 될 것
같다.

6. 코딩으로 만드는 샌드위치

> "이제 모든 사람들이 컴퓨터 프로그래밍을 배우게 될 것이다…
> 그것이 사람들이 생각하는 방식이 될 테니까."
> – 스티브 잡스(Steve Jobs)

이제 막 인구가 증가하기 시작하는 신도시 지역을 지날 때였다. 구도심에 속하는 우리 집 주변에서 아이들이 쉽게 눈에 띄지 않는 것과 달리 신축 아파트로 빽빽한 신도시 지역에서는 이주한 사람들의 대부분이 젊은 신혼부부와 초중등 아이들을 키우는 중년층이어서인지 단연 학원들이 눈에 띄게 많았다.

'우리아이 4차 산업혁명 대비 코딩교육 OO학원'

그중에서도 나의 눈길을 끄는 것은 4차 산업혁명을 대비한다는 코딩교육학원의 현수막이었다. 학원홍보 문구를 보고 언뜻 들었던 생각은 대학시절 컴퓨터공학과 학생들도 어렵다고 여겼던 프로그램 코딩수업을 과연 어린아이들에게 어떻게 전달하는 지에 대한 궁금증이었다. 언론에서 접했던 코딩교육이 지금 바로 아이들에게 당면한 문제라는 사실도 놀라웠다. 게다가 과목별로 학원에서 공부하는 것도 모자라 줄넘기까지도 학원에서 가르쳐준다는 기사를 읽은 기억이 있어 실제로 아이들이 코딩교육까지 받아야 하는 건지도 의문이었다.

그렇다면 코딩이란 무엇일까. 현직 컴퓨터공학과 교수가 내린 코딩의 정의는 이러하다.

"외국인과 대화하기 위해 영어를 공용어로 사용하듯이 컴퓨터에 일을 시키려면 컴퓨터 언어가 필요하다. 이런 컴퓨터에 사람의 상상과 생각을 전달해야 하는데, 컴퓨터가 이해할 수 있는 언어로 표현하는 것이 코딩이고 그 결과물이 프로그램이다."

좀 더 쉽게 이해하려면 한 편의 영상이 도움이 될 것이다.

"얘들아 우리 샌드위치 만들어 먹자. 땅콩, 딸기잼 샌드위치 만드는 방법을 종이에 차례대로 적어서 가지고 와줄래? 세 명이 각자 샌드위치 만드는 순서를 적어오면 아빠가 그대로 움직일게."

첫째 현민이는 '빵 위에 딸기잼을 바르는 칼로 바르고 또 다른 빵에 땅콩버터를 바른다.'고 적었다.

둘째 혜민이는 행동의 단위를 나누어 적으면서 제법 길게 글을 이어갔다.

'버터와 딸기잼 뚜껑을 두 손으로 연다. 빵 두 개를 꺼낸다. 딸기잼을 오른손 두 번째 손가락으로 빵의 한 면을 모두 다 바른다. 나머지 바르지 않은 빵을 왼손으로 들고 오른 손가락으로 버터를 바른다. 왼손과 오른손으로 두 빵을 들고 두 버터와 딸기잼을 바른 쪽으로 만나도록 붙인다. 아빠에게 준다.'

막내 지민이는 '왼손으로 딸기잼을 잡는다. 오른손으로 잼의

뚜껑을 잡아 연다. 숟가락을 든다. 빵 하나를 움직이지 않게 왼손
으로 잡는다. 잼을 바르는 숟가락을 버터에 넣는다.'라고 적어서
아빠에게 건넸다.

첫째와 막내가 만든 순서대로 움직인 아빠는 샌드위치를 만들
지 못했지만, 둘째가 만든 순서를 따라하며 샌드위치 하나를 만들
어낸다.

얼마 전 방영한 SBS스페셜 〈내 아이가 살아갈 로봇세상〉 영상
중 일부이다. 유튜브에 올려 전 세계적으로 화제가 된 샌드위치
코딩 영상을 토대로 한국 가정에 동일한 상황을 부여하고 실험한
사례이다. 프로그램에 나왔던 세 아이들의 아빠 김용성 씨는 "집
까지 오는 방법 말하기, 코딩 샌드위치 만들기와 같은 놀이는 순
서와 논리를 만들어야 하는 과정이 힘들고 귀찮을 수 있지만 코딩
을 알아가는 첫 번째 훈련이 될 수 있다."고 전했다.

코딩교육으로 키우는 문제해결 능력

EBS에서 방영한 다큐프라임 〈4차 산업혁명과 교육 대혁명 3부
대학, 변해야 산다〉에서도 코딩교육에 관한 눈여겨볼 만한 사례를
소개했다.

미국 뉴욕에 위치한 〈플랫아이언스쿨(Flatiron School)〉이 그것이
다. 플랫아이언스쿨은 2012년 설립된 민간 직업 교육기관이다. 학
교는 학생들에게 단 15주 동안 컴퓨터 프로그래밍 교육을 제공하
는데 1년 학비가 우리 돈으로 무려 1,200만원이다. 꽤 비싼 학비
를 지불해야 하는데도 불구하고 입학경쟁률은 놀랍게도 16대 1이
다. 플랫아이언 스쿨의 높은 인기 비결은 바로 98%에 가까운 높

은 취업률이다. 다양한 전공과 직업을 가진 학생들은 이 학교의 코딩교육을 받고 코딩개발자로서 커리어를 전환한다. 인도 출신 이민자 나즈는 미국에서 겪는 불평등 대신 실력과 역량만 있으면 선발되는 IT업계에서 일하기 위해 이 학교에 입학했다. 그녀는 15주간의 코딩교육을 통해 단순한 학위보다 실제로 결과물을 만들어내고 문제를 해결하는 능력을 키우는 것에 만족한다.

우리나라는 어떨까. 해외에서는 이미 일찍부터 코딩교육을 정규교육에 편성해 두고 있지만 우리나라는 비교적 최근에서야 정규교육에 코딩교육이 포함되기 시작했다. 한국에서는 2018년부터 중학교 1학년과 고등학교 1학년 학생을 대상으로 코딩 교육과정이 의무화되었으며, 1년에 34시간 이상 코딩 교육을 필수로 받아야 한다. 2019년부터는 연령대를 낮춰 초등학교 5, 6학년에게도 연간 17시간의 코딩교육의무화가 적용된다.

일각에서는 국영수가 아니라 국영수코라고 불러야 한다는 농담까지 나온다니 코딩교육의 중요성은 이제 상당부분 인식을 공유한다고 할 수 있다. 단순하게만 생각해 봐도 아침에 눈을 떴다가 밤에 잠이 들 때까지 한시도 컴퓨터에서 벗어나 있지 않은 현대인의 생활에서 컴퓨터처럼 코딩으로 작동되는 기계(사실 모든 전자기기에 컴퓨터가 탑재되어 있으니 코딩은 이들 모든 기기들과의 소통에서 필수가 된다)들을 통제, 관리하는 일은 매우 중요한 요소가 될 것으로 보인다.

컴퓨터공학자들의 말에 의하면, 코딩은 본질적으로 우리 인간의 삶에서 벌어지는 각종 문제를 해결하기 위해 만들어졌다. 인간

코딩교육의 핵심은 단순 프로그래밍 기술이 아니라 문제해결능력이다. 기계가 노동을 대체하고 인간이 사유를 극대화하는 미래세계가 한층 더 가까이 다가왔다.

의 상상을 현실에서 구현하고 일상적 문제들을 해결하기 위해 손쉽게 코딩을 설계하는 것은 미래 우리의 아이들에게 기대되어지는 모습이다. 따라서 코딩교육의 핵심은 단순 프로그래밍 기술이 아니라 문제해결 능력일 것이다. 기계가 노동을 대체하고 인간이 사유를 극대화하는 미래세계가 한층 가까이 다가온 듯하다.

아쉬운 것은 공교육 현장에서와 사교육시장에서 보이는 코딩교육의 현재 모습이다. 국영수코라는 말처럼 코딩교육이 국영수에 이어 또 하나의 시험과목으로 전락하는 것은 아니냐는 목소리는 우려스럽다. 현재의 코딩교육이 필요로 하는 본질에서 멀어진다면 미래세대를 위한 소중한 시간을 낭비하는 것일 테니까 말이다.

7. 어부의 행복

미국의 한 사업가가 멕시코 해안가 작은 마을의 부두를 찾아갔다. 그는 혼자서 부두에 배를 댄 어부를 만나게 된다. 어부의 작은 배 안에는 커다란 황다랑어 몇 마리가 있었고 미국인은 어부에게 좋은 물고기를 잡았다고 칭찬하며 물고기를 잡는 데 시간이 얼마나 걸리냐고 묻는다. 그리 오래 걸리지 않는다는 어부의 답에 미국인은 그에게 나머지 시간을 어떻게 보내느냐고 물었다.

"늦게까지 자다가 물고기 좀 잡고 아이들이랑 놀기도 하고 아내와 이런저런 얘기도 합니다. 저녁마다 동네에 산책을 나갔다가 친구들과 와인을 마시고 기타도 치고요. 하루 종일 바쁘게 살죠."

어부의 말을 들은 미국인이 이렇게 말했다.

"전 MBA를 나왔습니다. 제가 당신을 도와줄 수 있습니다. 지금보다 더 시간을 들여 물고기를 잡아야 합니다. 그리고 물고기를 판 돈으로 큰 배를 사세요. 더 많은 물고기를 잡아, 그렇게 번 돈으로 배를 몇 척 더 살 수 있습니다. 결국 선단을 갖게 되겠지요. 또한 잡은 물고기를 중간 상인에게 팔지 말고 가공업자에게 직접 팔면 통조림 공장까지 열 수 있습니다. 당신은 생산, 가공, 판매를 모두 감독하게 되는 셈입니다!"

미국인은 쉬지 않고 말을 이어갔다.

"당신은 곧 이 작은 마을을 떠나야 할 겁니다. 멕시코시티로 이

사를 가고, 어쩌면 로스엔젤레스로 가게 될지도 모릅니다. 대도시
에서 번창하는 당신의 기업을 운영하는 거죠!"

그러자 어부가 물었다.

"그 모든 일을 하는 데 얼마나 걸릴까요?"

"15년에서 20년쯤 걸리겠죠."

"그런데 그 다음엔 뭐가 있죠?"

"그 다음이 진짜입니다. 때가 되면 회사를 상장할 수 있습니다.
그럼 당신은 아주 부자가 될 겁니다. 수백만 달러는 족히 벌겠죠!"

"수백만 달러라고요? 그럼 그 다음은요?"

멕시코 어부의 물음에 미국인은 흥분된 목소리로 이렇게 말했
다.

"그땐 은퇴해야겠죠. 조그만 어촌마을로 옮겨가서 늦게까지
자나가 불고기도 좀 잡고 아이들과 놀기도 하고 아내와 시간을 보
내는 겁니다. 밤에는 마을까지 산책을 나갈 수도 있습니다. 거기
서 친구들과 와인을 마시며 기타도 칠 수 있습니다."

가진 것을 즐길 줄 아는 능력, 행복

몇 년 전 인터넷에서 떠돌던 MBA 출신 사업가와 어부의 이야
기다.[9]

'행복'은 잡힐 듯 잡히지 않는다. 꼭 행복을 잡아야만 성공한 것
처럼 느껴지기도 한다. 나도 행복에 대해서 목표한 무언가를 이루
었을 때 맛볼 수 있는 과실쯤으로 생각했다. 학교 다닐 때는 열심

---

9 러셀 로버츠《내 안에서 나를 만드는 것들》세계사, 2015. 10. 27. p. 130~p. 131

히 공부하고 회사에서는 직장생활 성실히 하면 행복은 찾아올 거라 믿었다. 그런데 결혼하고 아이들도 생기며 한 발짝 떨어져 생각해보니 행복은 달성해야하는 목표가 아니라는 결론을 얻었다. 내가 지금 처한 상황을 어떻게 바라보느냐에 따라 행복감을 느낄 수도 있고 아닐 수도 있다는 사실을 조금씩 체감하는 중이다.

몇 년 전 코칭에 관한 강의를 들었다. 강사는 라이프코칭을 가르치는 분이셨는데 강의 말미에 그 분은 행복이 무엇인지 청중들에게 질문을 던졌다. 몇몇이 그럴싸한 대답을 했다. 하지만 강사는 그동안 내가 생각했던 것과는 다른 관점으로 행복을 정의해 주었다. 그가 내린 행복의 정의는 "자신이 가지고 있는 것을 제대로 즐길 줄 아는 능력"이다.

내가 생각하는 행복이란 무엇인가. 또 아이들은 언제 가장 행복하다 느낄까. 결혼을 하고 아이를 낳고 키우는 동안 나는 가족의 행복이 곧 나의 행복이라 생각했다. 돌이켜보니 반대의 경우도 성립해야 했다. 나의 행복이 곧 가족의 행복이라는 사실.

누군가를 행복하게 만들기 위한 노력이 어쩌면 굉장히 편협한 시각에서 나온 걸 수도 있다는 걸 경험한 일이 있다. 둘째아이가 태어나기 전 주말에 날을 잡아 딸아이를 데리고 한 시간 반 정도 차를 태워 타지역 동물원에 데려갔었다. 아내와 나는 동물원 이곳저곳을 구경시켜주며 아이가 즐거워하기를 기대했지만 딸아이의 반응은 시큰둥하기 그지없었다. "윤영이 재밌으라고 여기 온 거야."를 반복하며 달래고 얼러서 동물원 한 바퀴를 겨우 돌았는데 정작 딸아이는 동물원 한 편에 있는 미끄럼틀에서 한 시간 넘게 시간가는 줄 모르고 놀았다. 처음에는 굳이 동물원까지 와서 놀이터에서만 노는 아이를 이해할 수 없었지만 환하게 웃는 아이 얼굴을 보며 어쨌든 아이가 행복하기만 하다면 무엇을 즐기며 행복한지에 대해서까지 관여할 필요가 있을까 싶었다.

행복과 성공에 대한 기준도 마찬가지가 아닐까. 이제껏 우리는 우리들이 생각하는 행복의 기준을 아이들에게 강요하고 있었던 건 아닌가 한다. 부모가 생각하는 행복의 모습과 아이들이 꿈꾸는 행복이 다를 수 있다는 걸 인정해야 한다. 아이들도 살아가면서 꿈꿔온 자기만의 기준과 생각이 있을 것이다. 부모의 성공 그림에 맞춰서 살아온 아이들은 자라면서 '내가 원하는 진정한 삶은 무엇인가?' 라는 본질적인 물음 앞에 멈출 때가 있다. 하던 일을 중단하고 여행을 가거나 전공을 바꾸는 아이들도 있지만 심각하게는 공황상태에 이르거나 히키코모리처럼 사회활동을 접는 아이들도 있다는 걸 기사로 접했다.

아이들에게 부모의 기준을 강요하기보다 원하는 일에 몰입하고 좋아하는 분야를 공부하면서 스스로 행복을 찾아갈 수 있도록 돕자. 아이들은 답을 이미 알고 있다.

8. 교육과 education의 차이

교육이라는 단어를 들으면 어떤 이미지가 떠오르는가. 나는 '교육'이라는 단어를 들으면 무언가 새로운 걸 배우는 행위지만 앉아서 듣는 것, 수동적인 행위, 졸음 등 이런 모습이 연상된다. 우리는 지식을 익히기 위해 학교에 간다. 머릿 속을 지식으로 채운다. 흔한 얘기로 한국교육을 일컬어 주입식 교육이라고 한다. 머릿 속 빈 곳을 채우는데 주입식 교육만큼 빠르고 효과적인 것은 없다. 한국에서 교육은 백지처럼 하얀 학생의 머리를 채우는 이미지만 큼이나 수동적인 배움의 형태를 지닌다.

그렇다면 'education'은 어떨까. 언젠가 책에서 "한국은 학생들에게 무언가를 더 집어넣을지를 고민하지만 미국에서는 학생들 안에 무엇이 들어 있는지 궁금해 한다."는 문장을 접했다. 이 문장은 한국과 미국의 교육방식을 여실히 드러내고 있다. 교육과 'education' 이라는 단어의 어원을 살펴보면 이해가 더 빨라진다.

교육은 한자인데 '敎育'이라는 한자는《맹자(孟子)》의 '得天下英才而敎育之(득천하영재이교육지 : 천하의 영재를 모아 교육하다.)'란 글에서 비롯되었다고 전해진다. 글자의 구성을 보면 '교(敎)'는 매를 가지고 아이를 길들인다는 뜻이고, '육(育)'은 갓 태어난 아이를 살찌게 한다는 뜻으로 기른다는 의미다. 즉 '가르칠 교(敎)'는 '윗사람이 베풀고 아랫사람은 본 받는다.'라는 뜻이 담겨있다. 성인이 아동

에게 필요하다고 생각되는 바를 가르쳐 모방하도록 한다는 성인
의 지도를 의미한다. 또한 '기를 육(育)'은 '자녀를 길러 착하게 만
든다.' 혹은 '자녀를 착하게 살도록 기른다.'는 뜻이며 부모가 아이
를 낳아 잘 성장하도록 보호하는 과정으로 보호·양육의 의미도 있
다.

> "교육의 동양적 어원에는 교사와 아동 사이에 수직적 인간
> 관계가 전제되어 있다. 윗사람으로 표현되는 교사, 부모,
> 어른은 교육의 주체로서 교육의 주도적 역할을 하고 아랫
> 사람으로 표현되는 학생, 자녀, 아동은 윗사람의 가르침을
> 적극적으로 수용하여 양육되어야 할 존재라고 얘기한다.
> 즉 교사는 무언가 학생에게 가르치는 존재, 학생은 그러한
> 가르침을 받아야 할 존재다. 동양적 어원은 윗사람이 아랫
> 사람에게 무언가를 가르치는 외부의 힘에 중심을 두는 교
> 육관이며, 교사 중심의 교육을 표방한 것이다. 반면에 서양
> 식 어원은 아이들의 내면에 있는 잠재력을 잘 발현하도록
> 이끌어 내는 것이라는 내부의 힘에 중심을 두는 교육관에
> 가깝다. 서양의 교육은 교사보다는 학생 자신의 역할을 강
> 조하는 것도 여기서 시작된다. 교육도 아동중심의 교육으
> 로 아동의 잠재적 능력이 잘 발현될 수 있도록 도와주는 일
> 이라는 의미를 담고 있다."

물론 교육은 영어로 education이다. education은 라틴어의
educare에서 유래되었는데 educare는 '밖으로'라는 의미의 e와

Education은 라틴어의 educare에서 유래되었다. educare는 '밖으로'라는 의미의 e와 '이끌어내다'는 의미의 'ducare'가 결합되어 '밖으로 이끌어내다.'는 뜻을 내포한다. 교육과 Education의 어원을 찾아보면 동양과 서양의 관점이 어떻게 다른지 확인 할 수 있다.

'이끌어내다'는 의미의 ducare가 결합되어 '밖으로 이끌어내다'는 뜻을 내포하고 있다. 교육과 Education의 어원을 찾다보면 동양과 서양의 관점이 어떻게 다른지를 알 수 있다.

이런 차이는 두 나라의 학교 교실에서도 발견할 수 있다. 한국의 교실은 조용하고 서양의 교실은 시끌벅적하다. 한쪽은 선생님 말씀을 받아쓰기 바쁘고, 다른 한쪽은 질문과 토론으로 분주하다. 이 같은 차이는 기업의 조직문화에도 많은 영향을 주고 있다. 교사(사장)의 말을 받아쓰고 있는 학생(직원)이 있는 교실의 풍경을 고스란히 회사의 회의실에서도 쉽게 발견할 수 있으니 말이다.

나는 앞으로 다가올 인공지능 시대에는 동양의 주입식 교육보다는 아이들의 가능성을 발견해서 키워주는 서양식 교육법이 더 적절하다고 생각한다. 기본적인 지식은 자기 주도학습으로 습득하고 자기만의 강점을 차별화 시키는 게 중요하다. 아이들 개개인의 경험으로 만들어진 창의력과 잠재력은 결코 로봇이 따라오지 못할 인간 고유의 능력이기 때문이다.

9. 핸즈 온 마인즈 온(Hands on, Minds on)

미래학자 엘빈 토플러는 그의 저서 《부의 미래》에서 "시속 16km의 학교가 160km로 달리는 기업에 취업하려는 학생들을 준비시킬 수 있겠냐."며 학교의 변화 속도는 시속 40km로 달리는 정부 관료조직보다도 늦다고 지적했다.

로봇과 인공지능이 인간의 일자리를 대체 한다는 전망에 무엇을 어떻게 준비해야 할지 막막하다. 직장 다니며 아이들 키우기도 벅찬데 언제 시간을 내어 다가오는 미래에 대비할 수 있을까 한숨부터 내쉴지 모른다.

불확실한 미래에 대응하기 위해 개인이 관심을 갖고 준비하는 것도 필요하지만 정부주도의 교육제도가 매우 중요한 이유다. 불과 수십 년 만에 압축경제성장을 이뤄내며 세계에서 가장 빨리 경제적 성공을 거둔 한국의 경제성장 이면에는 산업현장에 필요한 인재를 길러내는 교육방식이었다. 많은 양의 지식을 단기간에 주입하고 시험을 통해 지식의 양을 측정하는 시험방식은 산업현장에서 요구되는 자원을 빠르게 육성하는 가장 효율적인 방법이었다. 하지만 4차 산업혁명의 출발선에 있는 지금 과거의 암기와 주입식 교육방식이 통할까. 물론 주입식 교육도 어느 정도 필요하다는 데에 동의한다. 기초지식이 있는 상태에서 다음 단계의 학습이 이루어질 수 없기 때문이다. 하지만 산업의 형태가 바뀌고 많은 부분이 로봇으로 대체되는 미래 세대에는 암기식 교육방법이 빛을 보기 매우 어려운 구조가 될 것이다. 그럼에도 여전히 아이들은 아침부터 밤늦게까지 시험을 위한 교육에 매달려있다. 지금의 시대는 창의력과 문제해결력, 협업능력 등 시험으로 평가하기 어려운 역량이 미래사회에 필요한 핵심역량이라고 전문가들이 입을 모으는 데도 말이다.

> "제가 엔지니어링 교수니까 공학을 예를 들게요. 미국 공학계에서는 '핸즈 온 마인즈 온(Hands on, Minds on)'을 중시합니다. 손으로 직접 만들고 만지며 생각하는 거죠. 수학문제를 주면 우리나라 학생들은 기가 막히게 풀어요. 미국 학생들이 인간 계산기라면서 깜짝 놀랍니다. 그런데 한국 학생들에게 프로젝트를 준다든가, 답이 있는지 없는지 모르는 문제나 답이 여러 개인 문제를 주면 정말 헤매요. 어떻게 해야 할지 몰라요. 왜 그럴까요? 우리나라의 주입식 교육 때문이 아닐까요? 지식을 집어넣는 것도 물론 중요합니다. 하지만 지식을 분석하고 데이터를 프로세싱하는 것은 사실 컴퓨터가 더 잘합니다. 컴퓨터나 로봇이 할 수 없는 분야에 집중해야 해요. 창의적이고 비판적인 생각을 할 수 있도록 어렸을 때부터 새로운 교육 패러다임이 필요하다고 생각해요."[10]

---

10 박순서 《공부하는 기계들이 온다》 〈세계적 로봇공학자 데니스 홍 인터뷰〉 북스톤, 2016.8.31. p.242~p.243

최고의 대학이자 공부의 신들이 모인다는 서울대에서 성적이 우수한 학생들의 공부 방법에 관해 실험을 했다.[11][12] 〈교육과혁신연구소〉 이혜정 소장은 서울대 2~3학년 학생들 가운데 학점 4.0이상을 2개 학기 이상 받은 150명 중 46명의 학생들의 공부 비결을 집중 연구했다. 연구목적은 우수한 성적을 받는 학생들의 특성을 연구해 공부 방법을 다른 학생들과 공유하기 위해서였다. 평소 수업태도, 생활 습관, 가정환경 등 공부와 관련된 주변 여건도 조사했다. 그는 연구를 시작하기 전만 해도 학점이 안 좋거나 공부가 어렵다는 아이들은 공부를 안했기 때문이라고 가정했다.

하지만 결과는 예상 밖이었다. 상위 1% 학생들이 공통적으로 얘기한 한 가지가 있었다. 바로 교수의 강의 내용을 문장 그대로 받아 적는다는 점이었다. 교수가 수업시간에 해준 강의 내용, 키워드를 정리해서 시험문제가 나오면 그대로 쓰는 전략을 취한 이들이 고득점을 받은 것이다. 일반 학생들을 대상으로 연구를 진행했을 때도 결과는 동일했다. 교수의 필기내용을 문장형태로 정교하고 빠짐없이 적을수록 성적이 높게 나왔다.

공부 잘하는 학생이 적응 어려운 이유

반면 학점이 낮은 학생일수록 비판적 사고력은 높게 나왔다. 노트필기를 열심히 하고 성적이 높을수록 비판적 사고력 대신 수용적 사고력이 높았다. 고득점을 받은 학생들은 "자기 생각이 아무리 좋

11 이혜정《서울대에서는 누가 A+를 받는가?》다산에듀, 2014.10.24.
12 EBS 다큐프라임 〈시험〉 2015.12.

아도 교수님 생각과 다르면 버려야 되고, 교수님의 말씀을 단 한마디도 빼놓지 않고 적어야 된다."고 생각했다. 과연 최고의 인재들이 모인 서울대에서 미래사회에서 요구하는 다양성과 창의력, 비판적 사고력을 높일 수 있을까. 언젠가 라디오에서 4차 산업혁명 분야 전문가가 인공지능시대에 가장 적응하기 어려운 부류로 '학교에서 공부 잘하는 학생'을 꼽은 것은 받아들이기 어렵지만 현실이다.

> "미래의 삶을 대비하기 위해 바뀌어야 할 본질적인 부분이 교육이라 생각합니다. 미국, 유럽을 포함한 많은 나라들이 매우 오래전에 만들어진 교육 시스템을 통해 100년 전에나 필요했던 사람들을 길러내고 있어요. 지금 이 순간에도 읽고 쓰고 수학문제를 풀 수 있는 노동자들을 키우고 지시사항에 따라 정해진 대로 일하는 노동자들로 교육시키고 있습니다. 앞으로는 이런 사람들이 필요 없을 겁니다. 로봇이 그들을 대신하게 될 테니까요. 로봇은 이미 우리보다 수학문제를 더 잘 풀고 있습니다. 우리는 기술이 잘하지 못하는 분야를 교육시켜야겠죠. 예를 들어 혁신이나 창의력 또는 흥미로운 질문을 할 수 있는 능력 같은 것들입니다. 과학기술은 그런 분야에서 두각을 나타내지 못합니다. 그런데 현재의 교육시스템은 오히려 사람들의 창의력을 없애는 방향으로 나아가고 있어요. 매우 기본적인 스킬과 지시에 따라 일하는 사람들을 만들어내고 있으니 말입니다."[13]

---

13 박순서《공부하는 기계들이 온다》〈앤드루 맥아피 교수의 말〉북스톤, 2016.8.31, p.243

　현실에서 다양한 교육방법을 비교하고 따져본 후 최적의 교육을 받게 하고 싶은 건 어느 부모나 마찬가지일 것이다. 하지만 실제 현실은 바쁘고 신경쓸 일도 많다. 일상을 유지하며 하루하루 버티는 것조차 힘들 수 있다. 나 역시 시간을 내어 따로 공부를 하지만 거북이처럼 느리게 한걸음 한걸음씩 배우고 있는 게 전부이다. 마찬가지로 내 아이들이 학교에 가야 한다면 다른 선택을 고민할 여유 없이 제도권 교육에 맡기게 될 것이다. 그럼에도 책을 쓰면서 조금 더 관심을 갖고 공부한다면 과거보다 배울 수 있는 경로는 무궁무진하며 아이들에게 새로운 직업을 소개해줄 콘텐츠들이 풍부하다는 걸 새삼 실감했다. 부모의 작은 관심이 아이에게 훨씬 더 많은 가능성의 기회를 줄 수 있다고 나는 믿고 있다.

PART 4

우리아이
뭐 먹고 살지?

PART 4
우리아이
뭐 먹고 살지?

1. 로봇요리사와 법률비서

평소 잘 가던 음식점에서 같은 요리를 시켜먹는데도 매번 맛이 달라 기대 이하일 때가 있다. 같은 집에서 먹는 같은 메뉴인데도 무언가 부족한 느낌이 드는 것은 왜일까. 아마도 음식 맛이 어떤 변수에 의해서 들쑥날쑥 하는 것이 원인일 수 있다. 누가 언제 먹어도 기대한 수준의 맛이 나와야 하는데 요리과정이나 재료선택의 문제로 맛이 그때그때마다 달라지는 탓이다. 수십 년간 맛이 유지되다가 자식에게 장사를 물려준 후 음식맛이 바뀐 사례도 흔하다.

만약 로봇이 맛집의 정해진 레시피대로 요리를 만든다면 어떨까. 〈모멘텀 머신즈(Momentum Machines)〉라는 회사는 햄버거의 생산을 완전 자동화하는 데에 착수했다. 이곳의 로봇은 방금 갈아낸 고기를 떼어내 손님의 입맛대로 요리해 낸다. 육즙은 그대로 보존하면서 표면만 적당한 정도로 불 맛이 나게 굽는 것도 가능하다. 한 시간에 360개의 햄버거를 구워낼 수 있는 이 기계는 고기만 다루는 것이 아니라 햄버거 빵을 굽고, 각종 야채를 썰어 넣을 수도 있다. 모든 작업들은 특정 고객의 주문을 받은 후 수행한다. 조리가 끝난 햄버거는 컨베이어벨트를 타고 손님 앞으로 도착한다. 모멘텀의 한 경영진은 "로봇을 통해 근로자들의 작업효율을 높이

는 게 아니라, 근로자들을 완전히 대체하는 게 우리의 목표다.”라
고 말한다.

이 회사는 자사의 로봇을 도입할 경우 패스트푸드 식당뿐 아
니라, 편의점, 푸드 트럭, 자판기까지도 목표로 삼고 있다고 말한
다.[1] 모멘텀 머신즈의 야망은 어쩐지 섬뜩하다. 모든 근로자들을
대체하고 가게도 직원도 무인화 시키는 목표를 가진 기업이라니
말이다. 하지만 지금의 기술혁신의 속도를 보아서는 안타깝게도
아주 먼 미래의 이야기는 아닌 것 같다.

로봇이 요리의 영역까지 들어오고 있다. 더군다나 음식의 맛도
늘 균일하니 수요도 늘어날 게 분명하다. 인구 고령화로 인한 일
손부족과 인건비 상승에 대응하기 위해 일본에서도 로봇을 통한
생산성 향상을 시도하고 있다.

시간당 4,800개 초밥을 만드는 로봇

도쿄에 위치한 〈스즈모(鈴茂)기공〉이 1981년 개발에 성공한 초
밥 만드는 로봇은 회전초밥의 열풍과 함께 일본전역으로 확산되
고 있다. 기계에 ‘호퍼’라는 부품(밥을 담아두는 공간)에 밥을 넣어둔
뒤 설정화면에서 밥알의 중량, 강도, 밀도 등을 선택하면 호퍼 안
의 갈퀴모양의 스크류가 강도를 조절해서 회전하면서 밥을 내려
준다. 기계는 시간당 최대 4,800개의 초밥을 생산할 수 있다. 게다
가 쟁반 위에 초밥을 옮겨 담는 작업, 고추냉이를 올리는 작업까
지 가능하다니 완벽하게 사람을 대신해 초밥을 대량 생산이 가능

---

1 마틴포드《로봇의 부상》세종서적, 2016.3.23. p.41

해졌다. 우리가 주변에서 볼 수 있는 초밥뷔페도 이 기계를 도입하면 간단한 초밥을 빠르게 만들 수 있게 되는 셈이다.

일본의 한 라면 가게는 볶음밥 로봇을 도입해서 사용 중이다. 나이가 들수록 무거운 중국식 프라이팬을 사용하는 것이 힘에 부쳤던 요리사는 로봇을 도입해 지금은 큰 도움을 받고 있다. 이전까지는 프라이팬에 볶음밥 내용물까지 들어가면 무게가 2kg 가까이 되는 탓에 손목이 아프기 일쑤였는데 로봇을 사용한 후부터 1회 요리 시간은 3분에 불과하고 한 번에 2~3인분의 볶음밥을 만들 수 있게 되었다. 1시간에 최대 60인분의 볶음밥을 완성할 수도 있다. 미슐랭의 별점을 딴 홍콩의 한 레스토랑도 이 로봇을 도입해 주문을 받는다.[2]

로봇이 만든 요리는 어떨까. 지금은 간편한 요리에서 시작되지만 앞으로 발전을 거듭한다면 불고기 정식이나 돈까스처럼 그럴싸한 요리도 가능해지지 않을까. 길거리 음식에서도 로봇이 만든 요리를 접할 날이 얼마 남지 않았다. 요리사가 없어질 수도 있지만 오히려 기회가 될지 모른다. 까다로운 미각과 진정성을 담은 요리에 자기만의 스토리를 입혀 판매하는 사람이 되는 것도 좋겠다. 햄버거나 초밥처럼 대량생산이 가능하고 단순한 요리는 로봇에게 맡기고 맛과 감성을 자극하는 새로운 요리를 개발하는 건 어떨지 상상해 본다.

로스쿨 시대가 열리면서 법조시장의 경쟁은 갈수록 치열해지

---

2 뉴시스 〈1시간에 볶음밥 60인분, 초밥 4800개 뚝딱〉 2017. 10. 15.

고 양극화도 심해지고 있다. 그 속에서도 다른 사람과 차별화를 꾀하며 법률영역에 인공지능을 도입한 곳이 있다. "못 받은 돈이 있나요? 상속 문제로 걱정하세요? 간편하게 법인 등기를 하고 싶으세요? 실력 있는 변호사와 상담하셔야 하나요? '헬프미'가 도와드려요."

국내에서 처음으로 인공지능을 접목해 법률 서비스를 시작한 〈헬프미〉라는 스타트업 이야기다. 살아가면서 누구나 한번쯤은 송사를 겪는다. 갑작스런 송사에 도움 받을 변호사를 찾는 일은 쉽지 않다. 지인이나 브로커를 통해 변호사를 찾는데 그마저도 소수에 불과하다.

헬프미 박효연 대표는 "인공지능이 서류 작업의 많은 부분을 대신 해주기 때문에 시간과 비용을 대폭 줄일 수 있습니다. 평소에는 누가 좋은 변호사인지 관심도 없고 인터넷 검색으로도 알아내기 어렵습니다. 문제가 생기면 주변에 물어보거나 브로커의 소개를 받는 게 보통이지요. 정보 부족으로 돈은 돈대로 들이면서 좋은 서비스를 받지 못하니 법률 서비스에 대한 불신만 커집니다. 변호사들의 사정을 잘 아는 우리가 법률 소비자와 변호사 사이에 다리 역할을 해야겠다고 생각했고, 성실하고 실력 있는 변호사들을 한 명 한 명 선별해 사이트에 올렸습니다."3라고 말한다.

헬프미 창업 사례는 신선한 자극이었다. 법률시장에 인공지능이 도입된다는 내용을 책에서 봤지만 실제로 이를 활용해 업무에

---

3 조선일보 톱클래스 〈인공지능 활용 법률 서비스 '헬프미' 대표 박효연 변호사〉 2017년 12월호.

활용하는 로펌이 있다는 걸 확인한 첫 사례였기 때문이다.

여러 연구기관과 정부 보고서에서 일자리가 사라진다는 암울한 전망을 내놓고 있다. 미래의 일자리는 인공지능에 의해 정말 사라질까라는 물음은 이 문제에 대해 조금 더 관심을 갖고 살펴보면 의외의 힌트를 찾을 수 있다. 예컨대 일자리의 개념을 직업(Job)과 과업(Task)이라는 기준으로 본다면 전혀 다른 시각을 가질 수 있을 것이다. 헬프미 사례처럼 변호사의 일을 과업중심으로 나눈 후 인공지능으로 대체 가능한 업무를 분류해서 생산성을 높이는 방식으로 접근해도 좋다. 헬프미는 변호사는 본질적인 일에 집중하고 자동화가 가능한 일은 인공지능으로 대체하면 할 수 있다는 걸 보여주는 선례다. 이처럼 인공지능 도입으로 일자리가 사라진다는 얘기에 두려움을 앞세우기보다 직업과 직무, 과업을 중심으로 인공지능을 어떻게 활용할지에 대한 관점으로 본다면 인공지능은 또 다른 비즈니스를 만들어 낼 수 있는 기회의 문이 될 수 있지 않을까.

2. 내가 만드는 진짜직업

한 대학생이 동물을 의인화하여 사진을 찍어 오라는 과제를 하던 중 동물들의 표정을 이끌어내고 포착하는 일에 재미를 느꼈다. 그가 기르던 반려견 '단비'의 예쁜 모습을 촬영한 사진을 블로그에 올리자 많은 사람들이 관심을 보인 것이다. 사진을 전공한 그는 과제를 통해 '좋아하는 일'과 '유망산업'의 기회를 공부했다. 애견 스튜디오라는 아이템에서 성공 가능성을 느낀 그는 애견시장에 대한 면밀한 분석과 마케팅 전략을 세웠다. 그 결과 '반려동물 사진사'로 창직, 현재 스튜디오를 성공적으로 운영하고 있다.[4]

어른들은 아이들에게 묻는다. "너는 커서 뭐가 될래?" "좋아하는 일을 해야 성공할 수 있다." "너의 꿈이 뭐니?" "꿈을 가져라!" 어려서부터 이와 같은 질문을 숱하게 받았지만 어른이 된 지금도 답하기는 쉽지 않다. 자신을 충분히 탐색하고 세상의 많은 직업을 접해보지도 못하고 어른들이 설계해 놓은 환경에서 원하는 직업을 찾기란 쉽지 않은 노릇이다. 대부분의 아이들이 부모들의 과거 경험을 토대로 결정한 직업정보에 의존해 진로를 설계하는 탓이다.

스스로 일의 가치를 느끼고 좋아하는 일을 하면서 살아갈 수

---

4 청년정책사용설명서 〈남들과 같은 직업은 NO! 나는 '창직'한다!〉 2017. 12. 7.

있는 직업을 갖는다는 것은 모든 이의 소망이다. 일과 삶이 분리되지 않고 통합되면 충만함과 행복감을 동시에 느낄 수 있다고 믿는다. 아이들이 살아갈 미래에 양질의 일자리들이 없어진다면 우리는 그대로 보고만 있어야 할까. 인류는 문제에 봉착하면 늘 새로운 대안을 만들면서 발전해왔다. 직업세계에서 보람을 얻으면서 동시에 수익도 올릴 수 있는 방법이 있다. 바로 나만의 직업을 만들어보는 '창직(Job creation)'이다. 자기만의 개성과 강점을 발휘해 새로운 직업을 만들고 돈을 버는 사람들이 점차 늘어나고 있다. 다행이 아직까지는 콘텐츠의 생산과 정보의 유통에 큰 비용이 들지 않는 환경이어서 누구나 한번쯤 도전해볼만 하다. 자신의 아이디어를 실현하고 협업할 수 있는 플랫폼 생태계도 계속 발전하고 있다. 평생교육시대, 배우고 싶은 거의 모든 강의 역시 24시간 우리에게 열려있다.

인공지능시대에는 남들이 만들어 놓은 직장에 취업하기보다 자신만의 가치와 콘텐츠를 바탕으로 스스로 직업을 만드는 창직이 더욱 활성화 될 것이다. 저성장, 일자리 파괴시대에 창직이 새로운 대안 중 하나가 될 수 있는 이유를 《창직이 미래다》라는 책에서 찾아볼 수 있다.

쏟아지는 대졸자를 받아낼 수 있는 사회의 일자리가 부족하다. 일자리 수요-공급 미스매칭 현상은 어제 오늘 일이 아니다. 언제 경제위기가 찾아올지 모르는 불확실성 탓에 기업은 수익이 발생해도 고용에는 인색하다. 수년째 고용

없는 성장은 계속되고 있다. 기술혁신이 폭발적으로 일어
나면서 기존 직업의 재구조화·세분화·융합과정이 반복되
고 있다. 게다가 직업세계가 짧은 주기를 가지며 빠르게 변
하고 있다. 끝으로 사회구조적 변화다. 평생직장의 시대에
서 평생직업의 시대로 넘어가고 있다. 한번 입사하면 30년
간 종신고용 되던 시절은 이미 오래전에 끝났다. 자신만의
업을 만들어 새로운 세상을 개척해야 하는 시대이다.5

고임금 전문직종의 정규직 일자리는 정점을 찍고 서서히 줄어
들고 있다. 비즈니스 컨설턴트인 테일러 피어슨은 《직업의 종말》
에서 우리가 일자리의 정점에 서 있는 3가지 이유를 다음과 같이
이야기한다.6

지난 10년간 통신기술이 급격히 발달했고 전 세계교육수준
이 향상되었다. 이는 기업들이 특정 지역이나 국가를 넘어
어디서나 필요한 인력을 고용할 수 있게 되었다는 것을 의
미한다.

오늘날 하드웨어와 소프트웨어를 불문하고 기계노동자들
의 작업장을 빼앗는다는 생각이 널리 확산되고 있다. 최근
에는 기계가 사무직 종사자들의 지식 기반 일자리까지 빼

---

5 이정원 《창직이 미래다》 해드림출판사, 2015.7.31. p.30~p.35
6 테일러 피어슨 《직업의 종말》 부키, 2017.9.22. p.24~p.25

앗아가고 있다.

전통적인 대학학위(학사, 석사, 박사)가 너무 흔해져서 예전
에 비해 가치가 낮아졌다.

대중에서 개인으로 패러다임이 넘어왔다. 획일화된 콘텐츠를
소비하는 개개인들은 이제 자신만의 콘텐츠를 만들어 유통한다.
전문성을 발휘해 수익도 낸다. 직업세계에도 이와 같은 움직임이
있다. 나를 표현할 수 있는 수단, 누군가에게 가치를 제공할 수 있
는 역량을 바탕으로 소비자에 머무르기보다 개개인들이 생산자로
서 새로운 직업과 직장을 만들어내는 시대가 온 것이다.

기존의 직업세계에서 한 발짝 떨어져 나만의 새로운 직업을 만
드는 창직이 고용불안 시대에 나를 평생 고용해줄 든든한 버팀목
이 될 것이다. 설사 창직을 통해 실패를 맛보더라도 그 과정에서
생생한 경험은 어떤 일을 하든 든든한 자양분이 될 수 있으리라.

3. 좋아하는 일로 먹고 살 수 있을까

"우리는 잘못된 판단에 근거해 일자리를 구한 다음 거기에 그냥 안주한다.
좋아하는 일을 하면서 살 수 있으리라 기대하는 건
비현실적이라는 생각을 받아들이기 시작한다."
– 클레이튼 크리스텐슨(Clayton M. Christensen, 하버드대 교수)

다들 좋아하는 일을 하라고 한다. 좋아하는 일로 먹고 살 수 있다고 용기를 준다. 서점가에는 퇴사를 권하고 자유롭게 살면서도 고소득을 올릴 수 있다는 사람들의 이야기가 줄을 잇는다. 하지만 나만해도 좋아하는 일을 찾는다는 게 멀게만 느껴진다. 클레이튼 크리스텐슨의 말처럼 여차저차해서 취업을 하고 삶을 꾸리다보니 좋아하는 일로 밥 먹고 산다는 건 지극히 비현실적인 일이라 치부하게 된 까닭이다. 우여곡절 끝에 좋아하는 일을 찾았다 해도 그 일을 하면서 살아갈 수 있다는 확신이 서지 않는다. 현실 세계에서는 '돈'이라는 필터를 통해 검증을 받기 때문이다. 좋아하는 일이라도 수익이 나지 않는다면 오래 할 수 없을 뿐 아니라 쉽게 지치고 말 것이다. 거기다 회사를 나오면 하늘이 무너지는 줄 아는 부모님과 한여름 오이처럼 와짝와짝 커나가는 아이들이 있는 나 같은 중년을 바라보는(아직 중년은 아니다) 가장들은 오죽할까. 그렇다고 자기에게 맞지 않는 일을 매일매일 꾸역꾸역 해나가야 하는 것 또한 죽을 맛이다. 대부분은 그 사이에서 우왕좌왕하다가 회사를 나오고 그 다음에는 치킨집 사장님(혹은 편의점 사장님?)이나 산악인이 되는 길을 택하지 않는가 싶다.

좋아하는 일로 성공하기가 나와는 아무 상관없는 비현실적인 이야기라고 여길 때 나는 과연 어떤 일을 좋아할까, 라는 질문을 하게 한 책이 있다. 니카고시 히로시가 쓴《좋아하는 일만 하며 재미있게 살 순 없을까?》란 책이다. 모두의 로망을 한 줄의 제목으로 정리한 이 책의 저자 니카고시 히로시는 13년 간 일본에서 3천 명이 넘는 직장인을 상담해온 일본 최고의 직업상담사다. 물론 그역시 처음부터 자신의 자리에서 최고를 구가하지는 않았다.(심지어 그는 나와 당신과 같은 직장인이었다!)

평생 이렇게 살아도 괜찮은 걸까

혈기왕성한 20대 청년이 퇴근길 지하철을 기다리고 있다. 그는 지하철 창문에 비친 자신의 얼굴을 바라보고 놀란다. 창문에 비친 그의 얼굴은 피곤에 찌들어 초췌하고 축 처진 중년 남성의 얼굴이었기 때문이다. 그는 월급도 많고 직위도 있고 동창회에도 당당하게 나가던 20대 청년이었다. 하지만 매일 이른 아침부터 늦은 밤까지 업무를 처리하다 지쳐 돌아오는 삶을 살아서인지 지하철 창문에 비친 청년의 얼굴은 젊은이라 할 수 없을 정도로 초췌했다. 그는 평생을 이렇게 살아도 괜찮은 걸까 라는 고민을 할 때쯤 지하철 창문에 비친 자신의 일그러진 얼굴을 보고는 회사를 그만두기로 결심한다. 그것은 뭔가 근본적으로 잘못됐다는 인식에서 출발해 자신의 삶 전체를 돌아보게 한 계기가 됐다.

'문제는 근무환경만이 아니야. 뭔가 근본적으로 잘못됐어. 회사를 선택한 사람은 나잖아. 내 삶의 방식에 뭔가 문제가 있을지도 몰라.' 회사를 그만둔 저자는 자신이 어떤 인생을 살고 싶은지,

정말 하고 싶은 무엇인지부터 진지하게 고민하기 시작했다. 그리고 내린 결론은 다름 아닌 직업상담사였다. 하루 중 대부분 시간을 하기 싫은 일에 할애하며 고통스럽게 살아가는 직장인들을 상담하는 일은 과거 자신이 치열하게 마주해야 했던 고민을 내담자에게서 발견하고, 그들이 자신만의 인생을 찾도록 도움을 주면서 큰 보람으로 다가왔을 것이다.[7]

상대가 정말 좋아하는 일을 찾도록 현실적인 노하우를 전수해주고 천직을 찾을 수 있게 사람들을 상담해주는 사람이 우리 주변에도 꼭 한 사람 있었으면 좋겠다.

또 한 사례는 회사를 다니면서 좋아하는 일을 찾고 그 일로 수익이 나자 회사를 그만둔 〈말이야와 친구들〉의 이혜강, 국동원 부부다.

"지금부터 노래를 딱 3초간 들려줄게요. 제목을 아는 사람은 바로 손드는 겁니다!"

"저요, 저요!"

"나! 나!"

"정답은 방탄소년단의 피, 땀, 눈물!"

구독자수 54만 명, 누적 조회수 1억 4천만 뷰를 기록해 웬만한 TV채널을 맞먹는 유튜브 인기채널 〈말이야와 친구들〉은 대기업 구매팀에서 일하던 이혜강 씨가 퇴사후 처음 만들었다. 이혜강 씨는 직장생활을 병행하면서 스스로도 성장하고 수익이 되는 일을

7 나카고시 히로시《좋아하는 일만 하며 재미있게 살 수 있을까?》아날로그, 2017.5.5.

찾아야겠다는 생각을 했고 야근을 밥 먹듯이 하는 생활 속에서도 짬짬이 콘텐츠 제작을 통해 수익을 낼 수 있는 방법을 강구했다고 한다. 하루하루 정해진 일을 하는 직장생활 속에서도 자신이 진정 좋아하는 일을 찾아 실행에 옮긴 결과는 대성공. 주말에 틈틈이 만든 콘텐츠를 온라인에 공개해 반응을 보고 어느 정도 수익이 나기 시작할 때쯤에 회사를 그만두고 콘텐츠 제작에 몰입했다. 두 사람은 직장을 다니면서 벌었던 수입의 2~3배를 벌면서도 즐겁게 자신의 일을 하는, 두 마리 토끼를 모두 잡는 행운을 거머쥘 수 있었다.

현재 하고 있는 일을 좋아한다면 금상첨화

모두가 이런 길을 갈 수 있다는 건 허언에 가깝다. 다만 이들은 우리가 익히 알고 있는 길, 사회가 만들어 놓은 성공에 이르는 길, 안전한 길이 아닌 다른 길을 가더라도 성공할 수 있다는 사실을 보여주고 있어 반갑다.

많은 직장인들은 한번 들어간 회사가 내 운명이라는 생각으로 혼신의 힘을 다해 조직에 몰두하지만 채 몇 년도 지나지 않아 피로감과 매너리즘에 빠지기 일쑤다. 회사에 출근해서는 미래를 걱정하느라 일에 집중하지 못하고 퇴근 후에는 회사일이 걱정되어 제대로 쉬지 못한다. 이도저도 아닌 상태로 시간만 흘러가는 상황에 또 한숨이 나오면서도 출근하기는 또 왜 이렇게 싫은지. 나와 동시대를 살아가는 직장인이라면 누구나 경험해봄직한 일이다.

결론적으로 일을 즐기기 위해서는 조금이라도 좋아하는 일을 해야 한다는 것이다. 좋아하는 일은 오래 질리지 않고 지속 할 수 있으니 말이다. 당연히 남들보다 잘하게 되니 성공에도 가까워진다. 지금 현재 하고 있는 일을 좋아한다면 금상첨화일 테다.

나에게서 눈을 돌려 아이들을 볼 때도 같은 생각이다. 아이들이 좋아하는 일이 무엇인지 그것을 직업으로 연결할 수 있을지를 요즘 따라 자주 그려본다. 자녀들이 성인이 되어 자신이 원치 않는 일을 참아가며 해야 하는 걸 원하는 부모가 있을까.

우리 세대는 확실히 아이들의 행복에 더 많은 관심을 가지게 되었다. 좋아하는 일을 하면서 행복한 사회구성원으로 살아가는 미래세대를 위해 부모들의 노력이 필요하다. 나 역시 좋아하는 일로 먹고 살 수 있다고 독려하는 부모가 되고 싶다. 여러 가지 일을 접하면서 좌절과 어려움을 겪고 보고 실패해 보기를 권하는 부모, 누가 뭐라던 자기 내면의 목소리를 쫓아 스스로의 길을 찾기를 응원하는 부모, 그런 부모여야만이 자식이 진정 좋아하는 일을 발견하도록 도와줄 수 있지 않을까.

4. 직업의 시대, 기회의 문이 열리다

한 설문조사에 따르면 대기업 입사 후 1년 미만의 신입사원이 퇴사할 확률이 30%에 가깝다고 한다. 대개는 20년 이상 30년에 가까운 기간 동안 힘들고 지난한 과정을 거쳐 바늘구멍 같은 취업 관문을 통과했을 텐데도 회사를 그만두는 이유는 무엇일까. 신입사원들의 퇴사이유로는 조직이나 직무에서의 적응 실패, 급여·복리후생·근무지역·근무환경 불만, 군대식 문화, 야근 등으로 나타났다. 대학 졸업 후 취업하는 것만이 지상 최대의 목표라고 믿었던 취업준비생들이 가까스로 취업한 이후에는 그와 정반대로 퇴사를 고민한다는 사실이 아이러니하지만 현실이다.

취업을 준비하는 학생들을 만날 기회가 있었다. 그들은 어떻게 하면 취업을 할 수 있을지 내게 도움을 요청했다. 한 학생은 나에게 이렇게 물었다.

"제가 OO표현을 면접에서 사용하려고 하는데 회사입장에서 보면 좋아할까요?"

물론 충분히 궁금할 수 있는 부분이다. 하지만 학생의 질문에는 회사만 있고 자신은 없었다. 취업준비생들은 너무 절박한 나머지 회사라는 틀에 자신을 끼어 맞추는 걸 당연시 하고 있다. 면접에서 회사가 원하는 방향으로 답변하는 것은 중요하다. 그럼에도 회사에 모든 걸 맞추기 위해 스스로를 버리고 회사형 인간으로 살아야 한다면, 실제 입사하고 나서도 금방 획일화되고 말 것이다.

산업화가 진행되던 시절에야 직장에 들어가기만 하면 회사가 직원과 가족의 인생을 책임질 수 있는 안전한 울타리를 제공했지만 현재는 다르다. 고용불안정성이 만연한 데다 퇴직연차도 점차 빨라져서 한 직장에서 오래 머물 수 없다. 대기업도 순식간에 망할 수 있는 세상이라는 것, 취업은 끝이 아니라 시작이라는 것, 직장이 아니라 직업을 찾아야 한다는 것. 그러한 측면에서 취업은 정답이 아니라 대안이고 목적이 아니라 수단이라는 사실을 명심해야 한다.

회사만이 답이라는 생각도 버려야 한다. 대학을 졸업하고 다른 길을 갈수도 있다. 직장에 들어가지 않고 자기만의 재능을 살려 1인 기업, 프리에이전트, 프리랜서라 불리며 살아가는 방법도 있다. 현실에서 나만의 서비스를 제공해서 수입을 올릴 수 있다면 돈과 의미 두 마리 토끼를 잡은 채 일할 수 있다.

바야흐로 지금은 '직업의 시대'

카드뉴스를 주로 제작하는 콘텐츠 제작사 〈PLOCK〉의 이은지 대표. 그녀는 인터넷 방송 진행, 강연기획 및 모집, 콘텐츠 제작, 앱개발, 영업관리 등의 일을 하며 직장에 들어가지 않고서도 자신만의 재능을 찾고 발굴하면서 역량을 키웠다. 그동안의 경험을 통해 강점을 살려서 수입을 올릴 수 있는 카드뉴스 콘텐츠 제작 분야에서 현재 월 천 만원씩 수입을 올린다. 이와 같은 일은 직접 해보지 않으면 자신의 재능과 관심을 절대 확인해 볼 수 없다. 일반 회사에 들어가서 정형화된 일을 했다면 자신의 가능성을 이은지 대표처럼 발굴 할 수 있었을까. 야근과 반복되는 일상에 지쳐 시도해볼 에너지조차 끌어내지 못했을 것이다.

대학을 졸업하고 취업의 길에 막혀 방황 할 수도 있다. 세상이 날 받아주지 않는다고 원망하며 아까운 시간을 흘려보낼 수도 있다. 하지만 조금만 눈을 돌려 스스로를 바라본다면 다른 길이 보일 수 있지 않을까. 나에게 어떤 문제를 해결할 수 있는 솔루션이 있는지, 다른 사람보다 뛰어난 역량이 있는지 자신을 개발해보고 싶다면 프리랜서 시장이 있다는 걸 떠올려 보기를 권한다. 그동안은 졸업하면 당연히 한 회사에 직장인으로 일하는 것을 당연하게 생각했겠지만, 이제는 바야흐로 '(직장이 아닌) 직업의 시대'다. 직장에서의 주특기를 살려 직장 밖에서 나만의 고객과 시장을 만들 수 있는 세상이다. 그것이 내 직업이 된다.

"일단 회사를 '도구'로 보면 재미있어집니다. 회사가 없어도 스스로 먹고 살판 인데 회사가 돈을 준다는 마인드 셋(Mind set)을 가져야 해요. 조직의 후광이 없어도 어디서든 일할 수 있도록 나의 전문성을 길러야 합니다. 조직에서 무임승차자(Free-rider)들이 빠지면 장기적으로 정규직 고용 형태의 월급쟁이들이 크게 줄어들 겁니다. 반면 자기 전문성을 브랜드로 가진 프리랜서들이 늘어날 거고요. 이런 추세는 이미 현실입니다. 먼 미래의 일이 아니에요. 자기 능력대로 기업과 계약을 맺어 언제 어디에서든 일만 하면 되는 전문가들이 주위에 진짜 많아졌어요. 기업 조직 자체가 인생의 꿈이자 목적이 되면 망해요. '내 꿈은 삼성이다' 이런 생각 버리세요. 나의 기술력과 전문성이 있으면 학벌 따위는 중요하지 않습니다."8

다음 소프트 송길영 부사장의 이야기처럼 각자의 생태계를 만들고 다수의 개인들과 관계를 맺으며 일하는 전문성을 가진 개인들의 경우, 웬만한 대기업 종사자들보다 높은 수준의 연봉과 만족도를 자랑하고 있다.

"직업은 한 개의 연금을 드는 것보다 더 중요한 일이다."라는 말이 있다. 연금을 드는 것보다 중요한 것은 직장이 아닌 '직업'이라고 강조한다. 직업인은 직장인과 달리 나이에 구애받지 않고 자신의 업을 이어나가며 수익을 만들 수 있다. 시간에서도 자유롭다. 한 직장에서 평생을 보낸 것과 달리 최근에는 한 사람이 여러 직업을 가지는 경우도 많다.

과거처럼 조직과 회사에 속하지 않더라도 자기의 전문성으로 먹고 살 수 있다는 걸 확인하는 요즘이다. 그에 비해 우리의 생각은 아직 변화의 속도에 미치지 못하고 있는 것은 아닐까.

보다 다양한 형태로 직업이 변화하면서 천편일률적으로 직장만을 바라보거나 매일 출퇴근하는 지금과 같은 직장인들을 선망하는 시대도 서서히 저물어간다.8

---

8 Daum 1boon 〈다음소프트 송길영 부사장 '삼성입사가 꿈? 꿈 깨세요, 당장'〉 2017.1.7.

5. 부모가 생각하는 유망한 직업은 없다

공대를 졸업해 대기업에 입사한 지인 이야기다. 2년 동안 직장을 다닌 그녀는 어느 날 회사를 그만두기로 결정했다. 이유를 들어보니 지금 직장은 연봉과 복지가 좋지만 늘 이어지는 야근과 회식, 고용불안에 언제까지 회사를 다닐 수 있을지 확신이 없어서라고 했다. 사기업을 다니는 남자친구가 있었는데 둘은 회사를 그만두고 모은 돈으로 다른 직업을 찾기 시작했다. 몇 년 후 남자는 공무원이 되고 여자는 교대에 입학해 선생님이 되었다.

한 국내업체가 1,600명을 대상으로 한 설문조사에 따르면 아이들이 커서 바라는 직업 1순위는 웹툰작가, 크리에이터인 반면에, 부모가 바라는 자녀의 희망직업은 교수·교사(29%), 공무원(18%), 과학자·연구원(15%), 의사·간호사(14%), 판사·변호사(9%) 순으로 안정성을 가진 직업들이 상위에 링크되었다.[9] 설문조사를 보면 부모와 아이가 바라는 직업이 확연히 다르다는 걸 알 수 있다. 부모들이 바라는 안정된 직업은 10년, 20년 전과 크게 다르지 않다. 한데 10년, 20년 후에도 여전히 유효한 직업군일까.

최고의 인기를 누리는 초등학교 선생님의 미래를 한번 보자.

---

9 조동연 외 《빅피처 2017》 〈4산업혁명과 고립주의의 역설〉 생각정원, 2016. 11. 9. p.60

정부에서 전국 2018학년도 공립 초등교사 선발 예정인원을 3321명으로 발표했다. 이는 전년 선발인원 5549명보다 약 40%나 줄어든 숫자다. 갑작스런 선발인원 축소발표에 예비 교사들은 대규모 집회 등을 열며 강력히 반발하고 나섰다. 임용절벽 사태가 일어나게 된 이유를 살펴보면 예상하는 것처럼 학령인구의 감소가 원인이다. 2011년도 313만 명이던 초등학교 학생수가 2015년이 되면서 271만 명으로 13% 감소했다. 인구감소로 인한 학령인구 감소가 현실로 나타나고 있는 것이다. 학생 수 감소가 학교와 교사 정원에 영향을 줄 거라는 뉴스와 보고서는 수년 전부터 있었다. 수요공급의 원리에 따라 초등학교 교원과 학생의 불균형 문제가 곪아서 이제야 터지기 시작한 것이다. 교대를 나와도 임용이 되지 않아 몇 개월씩 대기하거나 아예 임용조차 못하는 상황도 벌어지고 있다.[10]

수년 전까지 유망한 직업이라 뽑혔던 직업들의 위상이 어떻게 변해 왔는지 궁금하다. 〈표8〉에서 보듯이 시대별 유망한 직업은 계속 변했다. 2000년대 유망했던 한의사의 인기는 예전 같지 않다. 과거 개업만 하면 줄을 서는 환자들로 붐볐던 한의원도 이제는 별 볼 일 없어졌다는 소리가 나오는 요즘이다. 아닌 게 아니라 지금은 동네별로 몇 개씩 있는 한의원과 건강보조식품, 양방치료기술발달로 한의원을 유지하기는 쉽지 않다. 대학별로 한의학과를 개설 하면서 수년 간 배출된 졸업생 누적으로 한의사 시장의 경쟁은 더욱 치열해지고 있다.

---

10 뉴시스 〈초등교사 '임용절벽'…임용준비생들 '멘붕'〉 2017.8.17.

1950년대	1960년대	1970년대	1980년대	1990년대	2000년대
군 장교	택시운전사	트로트 가수	증권 금융인	프로그래머	공인회계사
희사	자동차 엔지니어	건설기술자	반도체 엔지니어	벤처기업가	국제회의 전문가
영화배우	다방DJ	무역업 종사자	야구선수	웹마스터	커플매니저
권투선수	은행원	화공 엔지니어	탤런트	펀드매니저	사회복지사
타이 피스트	교사	기계 엔지니어	드라마 프로듀서	외환딜러	IT 컨설턴트
의상 디자이너	전자제품 기술자	비행기 조종사	광고기획자	가수	인테리어 디자이너
서커스 단원	가발기술자	대기업 직원	카피라이터	코디네이터	한의사
공무원	섬유 엔지니어	노무사	선박 엔지니어	경영 컨설턴트	호텔지배인
전화 교환원	버스안내양	항공 여승무원	통역사	M&A 전문가	프로게이머
전차 운전사	방송업계 종사자	전당포 업자	외교관	공무원	생명공학 연구원

표8. 시대별 인기 직업[11]

시대에 따라 변화하는 인재상과 유망직업

2000년대 유망한 공인회계사, IT컨설턴트, 한의사 등 인기직업의 위상은 시간이 지나면서 변하고 있다. 그 시대에 필요한 역량과 직업이 있듯이 아이들이 사회에 진출할 15년, 20년 후에 유

---

11 한국고용정보원 〈대학생을 위한 취업교육〉 2014.

망한 직업은 지금과는 또 전혀 달라질지 모른다. 부모들은 과거를 기준으로 아이들의 진로를 생각해서는 안 된다. 시대마다 필요한 인재와 유망직업은 계속 변하기에 부모의 직업탐색은 매우 중요하다. 과거의 성공방정식이 더 이상 미래에는 통하지 않는다는 점을 알고 부모도 열심히 공부해야 한다. 부모세대에서 경험한 성공의 길이 미래의 아이들에게 실패의 길이 될 수도 있다.

먼저 아이들이 어떤 분야에 흥미와 호기심을 갖고 있는지부터 파악하고 세상의 변화와 아이들의 흥미가 만나는 지점이 어딘지 같이 고민하는 것부터 시작해 볼 일이다.

6. 로봇세와 기본소득

"인간과 같은 일을 하는 로봇의 노동에도 세금을 매겨야한다."

MS 창업자인 빌 게이츠의 주장이다. 일명 '로봇세(Robot Tax)' 에 관한 본격적인 논의는 2016년 유럽의회가 로봇도입을 위한 초 안 작업을 착수하면서 시작되었지만 빌 게이츠가 언급하면서 널 리 알려졌다. 인공지능의 도입으로 공장은 자동화를 넘어 무인화 로 진화중이다. 작업자 대신 로봇이 제품을 만들어내는 공장의 풍 경은 낯설지 않다. 아직은 아니라고 생각해보려 하지만, 당장 나 에게 닥칠 일은 아니라고 속단하고 밀쳐놓기에는 기술의 진화속 도가 너무 빠르다. 로봇은 휴가를 가지 않고 24시간 일할 수 있으 며 불평, 불만, 휴식 없이 정확하게 물건을 만들어 낸다. 경영자들 에게 이보다 더 좋은 생산수단이 있을까.

바늘 같은 취업구멍을 뚫고 사회에 진출한 청년들과 숙련된 중 장년 기술자들의 일자리를 로봇에게 빼앗길 수 있다는 점, 기업의 생산성 향상 측면에서 로봇은 순기능을 갖고 있는 반면 일자리 측 면에서는 역기능도 있다는 점을 반영한 것이 로봇세일 것이다. 로 봇으로 인해 일자리 대체현상의 대안정책(평생교육, 직업교육, 복지)을 실현하기 위한 재원으로 로봇세를 도입하자는 주장은 그래서 더 욱 현실성을 가진다. 세계 곳곳에서 팽팽하게 논의 중인 이 로봇세에 대한 의견은 기업가, 노동자, 로봇개발자, 로봇사용자 등 입장에 따라 다를 수 있다. 로봇세는 먼 미래 얘기가 아니라 지금 우리에게 벌어지고 있는 현실에 던지는 화두로서 각자가 고민해 봐야할 문제다.

국제로봇연맹(IFR)의 '2017 세계 로봇 통계' 보고서에 따르면 놀랍게도 2016년 한국의 로봇밀도가 전 세계 1위로, 노동자 1만 명당 631대이다. 2015년 531대에서 1년 사이에 100대나 늘어난 수치다. 1위인 한국을 이어 2위인 싱가포르가 488대, 3위인 독일이 309대, 4위인 일본은 303대로 조사됐다. 세계 평균 로봇 밀집도는 74대인 데에 반해 우리나라의 로봇밀집도는 평균치의 8.5배에 해당할 정도로 많다. 한국은 벌써 7년째 로봇밀도 세계 1위를 유지하고 있다. 로봇도입은 제조업 중에서도 특히 자동차와 전기전자 산업에서 핵심을 이룬다.[12]

만약 자신이 새롭게 공장을 지으려고 하는 사업가라고 가정해 보자. 새롭게 국내에 공장을 지으려고 한다. 위치를 선정하고 각종 정부지원을 비롯해 사업성 검토를 거쳐 공장의 콘셉트를 잡는다. 어떤 공장을 짓고 싶은가? 지역 고용을 창출하기 위해 어느 정도의 인건비를 감안하고서라도 필요 이상의 인력을 채용할 것인가? 아마도 인력은 적게 투입되면서 생산성은 최대로 올릴 수 있는 공장을 만들고 싶을 것이다. 그러면서 자연스럽게 생산자동화 시스템을 검토하게 된다. 당장 투자금이 들더라도 생산성이 높고

---

12 한겨레신문 〈한국, 로봇밀도 7년째 세계1위〉 2018.2.9.

유지비용이 적은 방향을 택할 것이다. 로봇과 자동화 시스템은 그런 고민을 덜어주기에 충분하다. 나는 로봇밀도가 앞으로도 계속 높아 질 것이라고 예상한다.

인공지능으로 무장한 로봇의 등장에 인간의 일자리가 사라지고 있다. 인공지능과 4차 산업혁명이 진행되면서 새로운 일자리가 생기기도 하지만 더 많은 일자리가 사라진다는 주장이 거세다. 특히 저임금, 저학력 계층의 일자리부터 없어진다는 전망이다. 일할 수 있는 기회가 없다면 기본적인 생계를 유지하기 위한 장치가 제공 되어야 되는 건 아닌지 의문이 생긴다. 기술혁신으로 일자리가 없어지면 무슨 대책을 정부에서 만들어야 되지 않느냐는 주장 역시 오래전부터 제기되어 왔다. 이를 해결하기 위해 최소한의 생계 비용을 국가에서 지급하는 방식인 기본소득 제도가 본격적인 의제로 떠올랐다.

기본소득(Basic income)은 약 500년 전인 1516년 토머스 모어가 발견하고 소설 《유토피아》에 처음 등장한 단어이다. 기본소득은 개인의 재산, 노동 유무와 상관없이 모든 국민에게 개별적으로 무조건 지급하는 소득, 즉 국가가 국민들에게 최소한의 인간다운 삶을 누리도록 아무런 조건을 따지지 않고 지급하는 소득이다. 기본소득은 전 세계 정치권의 관심사항이기도 하다.

2016년 스위스에서는 세계최초로 기본소득을 도입할지 여부에 대해 국민투표를 시행했다. 직업 유무와 상관없이 성인은 300만원(2500스위스프랑), 청소년은 78만원(650스위스프랑)을 매달 지급하는 방안이다. 스위스 기본권 투표는 복지를 국가가 시혜자로서 베풀어 주는 이웃돕기 성금이 아니라 기본권이어야 한다는 취지로 시도된 새로운 형태의 복지실험이었다. 반대 77%로 부결되기는 했지만 기본소득에 대한 뜨거운 관심을 보여준 사례다. 스위스 이외에도 기본소득에 대한 정책과 국민적 관심은 유럽 국가를 중심으로 급속히 퍼져나가고 중이다.13

제리 카플란은 《인간은 필요 없다》에서 인간이 배제된 기술이 만들어낸 고용 없는 성장 혹은 극심한 불평등의 결과로 앞으로의 세계는 유례없이 많은 사람들을 배 밖으로 밀어낼 거라 예견했다. 로봇세는 이를 해소할 실질적이면서도 현실적인 대안이 될 수 있지 않을까.

---

13 뉴시스 〈기본소득이 뭐길래…세계는 실험 중〉 2017.11.11.

PART 5

미래가 원하는
핵심역량

PART 5
미래가 원하는
핵심역량

1. 내 아이의 잠자는 잠재력 깨우기

우리집 거실에도 여느 집처럼 TV가 놓여 있다. 하지만 가족들 모두 TV와는 거리가 멀다. 곰곰이 생각해보니 TV를 거의 보지 않는다. 원래도 잘 보지 않았는데 아이들이 태어나면서 자연스럽게 멀어졌다. 여가시간에 가족들이 무엇을 하는지 관심을 가지고 보았더니 우리 부부 모두 각자의 일을 하느라 바쁘다. 아내는 극작가라는 직업을 가진 사람답게 잠깐의 시간이라도 생길라치면 책을 읽거나 글을 쓴다. 나 역시 넘치는 호기심 탓에 책을 읽거나 새로운 소식을 찾아 읽어보기를 사랑한다. 좋은 글, 자극을 주는 글이 있으면 나름의 의견을 담아 지인들에게 정기적인 소식지를 보내듯 이메일을 보내주기도 할 정도로 읽기와 쓰기에 많은 시간을 할애한다.

이런 엄마, 아빠의 모습을 본 딸 윤영이가 어느 순간 책을 가까이 하고 있다는 걸 알았다. 연령대에 맞는 동화책을 혼자서 보기도 하고 엄마, 아빠가 책을 보고 있으면 옆에 앉아서 책을 읽기도 한다. 시간이 나면 도서관과 서점을 돌아다니며 독서를 즐긴 일상이 아이들에게도 자연스럽게 영향을 준 모양이다. 책 읽기에서 그치지 않고 혼자서 이야기를 꾸며 내기도 한다. 앞뒤가 안 맞고 서툴지만 아이의 시각으로 새롭게 만들어낸 이야기는 어떤 드라마보다 흥미진진하다. 언젠가 아이는 자신이 만들어낸 이야기를 가지고 동화책을 만들 수도 있으리란 생각을 해본다. 지금의 아이들은 무엇이든 만들어 낼 수 있는 기술적 환경 속에서 자라나고 있으니 더욱 가능한 이야기다. 무언가 호기심이 생기고 그것에 대해 알고 싶을 때 책만 한 게 없는 만큼 아이들이 책과 뒹굴며 자라나기를 바란다.

독서든 놀이든 아이들과 함께 즐거운 습관 만들기가 필요하다. 독서가 아니더라도 아이가 관심 있는 활동을 부모가 함께 하고 습관으로 만들어준다면 아이들의 역량은 배가 될지 모른다. 같이 한바탕 신나게 놀거나 운동을 같이 하거나 모형장난감을 만들거나 새로운 곳을 찾아다니는 시도도 중요하다 느낀다. 무얼 하든 함께 하면서 스트레스도 날리고 호기심도 자극할 수 있어서다. 평소에 의식하지 않고 습관적으로 함께 한 활동들이 아이들 내면의 숨은 잠재력을 깨울지 모른다. 21세기 참인재를 만들기 위해서는 남들이 하는 대로 여기 저기 학원을 전전하게 하는 것보다 부모와의 시간을 조금 더 알차게 보내는 데에 시간을 쓰는 게 낫지 않을까 한다.

"리즈디(The Rhode island School of Design)에서의 처음 수업이 '사진1'이었어요. 기초 사진 강의로 첫 수업을 시작할 줄 알았는데 종이와 크레용을 나눠주면서 두 명씩 짝을 지어 뭘 하든 재주껏 커뮤니케이션을 하라는 거예요. 단, 말을 하면 안 된다는 조건으로요. 제 짝은 화가 나서 종이를 바닥에 놓고 밟는 퍼포먼스를 했고 저는 구멍을 뚫은 뒤 뒷

장에 그림을 그렸습니다. 사진 수업이라고 하기에는 신선
하고 충격적이었죠. 나중에 선생님 말씀이 우리는 시각언
어로 사람들과 소통하는 사람들이라서 그렇게 했다는 거
예요. 뇌를 말랑말랑하게 마사지해 준다고 말하고 싶어요.
한국에서 수업을 할 때는 조교가 출석체크를 한 뒤 선생님
이 오셔서 학생들의 그림을 보고 "여기 좀 지워봐, 눌러봐,
살려봐."라고 하시면 "네, 선생님" 하면서 하라는 대로 하고
검토를 받는 식이었죠. 결국 창의적인 사람을 만드는 건 교
육의 문제라는 생각을 하게 됐어요."¹⁴

　　세계적인 설치미술작가 서도호 씨의 인터뷰 중 일부다. 미국과
한국 양쪽에서 공부한 경험이 있는 그의 말에 따르면, 미국교육과
한국교육의 가장 큰 차이는 미국이 '네 안에 있는 것은 무엇인가'
를 궁금해 할 때 한국은 '네 안에 무엇을 넣어야 할 것인가'를 고민
한다는 것이라고 지적한다.

　　아이들은 여전히 시험이라는 잣대로 학업성취에 관한 모든 걸
평가받는다. 아이들은 시험성적에 울고 웃는다. 심지어 성적으로
인해 우울증에 걸리는 경우도 있다. 지금 교육은 한 명의 교사가
같은 내용을 다수의 학생에게 전달하는 방식이다. 이 같은 공급자
중심의 교육제도는 지식전달에는 효율적이지만 학생 개개인의 강
점과 특성을 살려주기에는 한계가 많다.

　　얼마 전부터 진로교육의 일환으로 자유학기제가 시행되었다.

---

14 경향신문 〈집 속의 집에 왜 스티브 잡스가 떠오를까〉 2012.6.1.

자유학기제는 학생들이 중학교 한 학기 동안만이라도 시험 부담 없이 자신의 꿈과 끼를 찾는 진로탐색 기회를 제공한다는 취지에서 마련된 정책이다. 학기 중에 시험을 떠나서 자신의 진로를 고민해 볼 수 있는 새로운 제도인 셈이다.

미래직업을 공부하고 글을 쓰면서 접한 사례를 보면서 지금까지 상상하지도 못한 직업들이 생겨나고 있다는 걸 알게 되었다. 일자리가 사라진다고들 우려를 쏟아내지만 나는 어쩌면 세상이 새로운 직업들로 더 재미있어지지 않을까라는 기대를 버리지 않는다. 또한 그 새로운 직업들은 어릴 때부터 자신의 상상력과 잠재력을 발견 했을 때의 쾌감을 느낀 아이들이 주도하게 될 것이라 확신한다.

2. 아이들에게 휴식이 필요한 이유

"불을 타오르게 하는 것은 장작 사이의 공간, 숨 쉴 공간이다.
너무 많은 좋은 것. 너무 많은 장작을 바싹 붙여 쌓는 것은
오히려 불을 꺼뜨릴 수 있다.
한 바가지의 물이 거의 틀림없이 불을 꺼뜨리는 것처럼 그렇게.
그러므로 불을 피울 때는 나무뿐 아니라
나무 사이의 공간에도 주의를 기울여야 한다."
– 주디 브라운(Judie Brown, 작가)

노보텔 엠버서더 호텔의 이상민 셰프는 부모님의 뜻에 따라 명
문대 의대 입학에 성공했다. 성실한 모범생으로 살아오면서 부모
님의 기대에 부응해 우수한 성적을 받아 의대에 입학한 그녀였지만
의대가 적성에 맞지 않는 다는 걸 깨닫는 데는 그리 오랜 시간이
걸리지 않았다. 그녀는 의사가 되어 환자를 돌보고 수술하는 삶을
이어나갈 수 있을지 끝없이 스스로에게 물었다.

"나는 죽을 때까지 이 일로 먹고 살아야 하는데 감당할 수 있을
까? 즐길 수 있을까?"

이 질문은 이상민 셰프의 다음 진로를 정하는데 결정적이었다.
본과 1학년 때 미련 없이 학교를 자퇴하고 부모님과의 갈등으로
가출까지 감행한 그녀는 꿈을 찾기 전까진 연락하지 않겠다는 각
오로 온갖 궂은일을 하면서 세상을 경험한다. 그러다 우연히 케이
블 TV에서 본 영국의 유명요리사 제이미 올리버쇼를 보고 큰 감

홍을 얻어, 제이미 올리버의 요리책을 탐독하고 조리학과 대학에 다시 입학했다. 노력과 열정을 무기로 매일매일 요리 실력을 높여가던 그녀는 종반에는 TV요리대회에서 1등을 차지하고 지금은 대학 호텔조리학과 교수로도 재직하고 있다. 이 모든 일이 철저한 자기공부를 통해 진로를 정했기에 가능했다.[15]

덴마크에는 250여개의 〈애프터스쿨〉에 3만 명의 학생들이 다닌다. 덴마크는 초등학교부터 중학교까지 9학년을 다니고 10학년에는 고등학교 입학 전 1년 동안 애프터스쿨에 들어간다. 애프터스쿨에서 학생들은 자아를 찾거나 진로를 모색하고 삶에 대해서 생각해볼 수 있는 시간을 갖는다. 한국의 자유학기제 모델이 되기도 했다.

덴마크에 있는 〈이드랫츠 애프터스쿨〉은 설립한지 9년 된 축구와 핸드볼을 가르치는 스포츠 전문 애프터스쿨이다. 이 학교는 입학시험이 없고 인터뷰만으로 선발하는데 경쟁률이 5:1이 될 정도로 높다. 학생선정기준은 어느 정도 축구를 잘하나, 포지션이 무엇인지가 아닌 축구를 얼마나 좋아하느냐다. 학생들은 이곳에서 '사는 법(life skill)'을 배운다. 국어, 수학, 축구도 배우지만 더 중요한 것이 바로 나는 어떤 인생을 살 것인가, 다른 사람과 어떻게 어울릴 것인가와 같은 질문의 답을 찾는 것이다.

덴마크에서는 누구나 이 같은 다양한 애프터스쿨을 통해 직접 인생계획을 짜보면서 인생의 전체 그림과 자신에 대해 공부한다.

다음은 TV에 나온 현지 관계자의 대답이다.

---

15 헤럴드경제 〈'의사 꿈 접고 요리사로' 노보텔 앰배서더 강남 이상민 셰프〉 2010.8.24.

"덴마크는 그런 인생플랜 학교가 10학년 때 말고도 또 있습
니다. 대학 들어가기 전에도 있습니다. 저는 대학 들어가기
전에 20세에서 25세까지의 청년들이 인생을 설계하는 기숙
학교에 1년간 다녔습니다. 그리고 덴마크에는 직장을 그만
두고 2모작, 3모작을 준비하는 사람들을 위한 성인 공립학
교도 잘 운영되고 있습니다."16

진짜 '나'를 찾는 시간의 중요성

나를 찾는 시간을 통해 인생을 새롭게 계획하는 이들이 늘어
나고 있다. 정신없이 지나가는 학창 시절을 뒤로하고 더 늦기 전
에, 자신이 원하는 일이 무엇인지, 어떤 삶을 살고 싶은 것인지 찾
아보는 건 중요하다. 휴학, 휴직, 퇴사를 통해 한 번도 해보지 않
은 일을 해보는 시간, 갭이어(Gap-year), 인생하프타임(Half time) 활
동이 바로 그 예다. 학창시절부터 취업준비까지 빡빡한 일정 속에
한 번도 자신을 들여다보지 못한 사람이라면 지금 처한 환경에서
짧게는 몇 주, 길게는 몇 달간 틈새 시간을 만들어 진짜 나를 찾는
시간을 가져보는 일을 추천한다.

자신이 원하는 삶이 무엇이며, 어떤 일을 하고 싶은지 자기탐
색이 되지 않은 상태에서는 아무리 좋은 회사에서 일하더라도 하
루하루의 삶이 무기력하고 의미를 찾기 어렵다. 지금 당장 눈앞에
놓인 과제와 목표들이 있더라도 나를 위한 시간이 필요하다. 내
가 어떤 삶을 살고 싶은지 어떤 일을 할 때 보람을 느끼고, 만족도

---

16 EBS 신년 대기획 〈대한민국 교육, 미래를 말하다〉 2016. 1. 1.

가 높은지 기억을 떠올려보자. 정말 해보고 싶은 일이 있다면 책을 통한 간접경험도 좋지만 직접 해보기를 권한다. 충분한 시간을 투자해서 내 일생의 일, 내가 원하는 삶에 대해서 진지하고 즐겁게 고민한다면 어떤 길을 가더라도 충만한 삶을 살게 될 거라고 믿는다.

요즘은 회사를 다니는 직장인들보다 아이들이 더 바쁘다고 한다. 굳이 고3이 아니더라도 학교를 마치고 몇 가지 학원을 다니는지 모를 정도로 치열하게 하루하루를 보내는 한국의 아이들. 자신이 어디로 가야할지 모르는 아이들이 대부분이다. 잠깐의 진로고민도 사치라고 느껴질 만큼의 스케줄이다. 달리는 기차를 잠시 멈추게 하자. 어디를 향해 뛰어야 할지 지금 서있는 곳을 둘러보고 방향을 점검하자. 그러기 위해서는 부모의 결단이 필요하다. 머리를 비울 수 있는 시간을 만들어줘야 한다. 휴식도 연습이 필요하다. 내면의 목소리에 귀를 기울이지 않고 쉼 없이 달리기만 한다면 어떤 시점에 욕구가 폭발할지 모른다. 끝없이 머리에 무언가를 집어넣기보다 아무것도 하지 않으며 휴식을 취할 때 우리의 뇌도 스트레스가 낮아지고 아이디어가 샘솟는다.

한참 두뇌가 발달하는 아이들은 지금보다 휴식시간을 늘려야 한다. 자기를 돌아보고 스스로 미래를 설계하는 힘을 혼자만의 시간을 통해 키울 수 있기 때문이다.

3. 인성이 인생을 리드한다

큰 딸 윤영이가 한창 커나갈 4살 무렵이었다. 나는 회사일로 바쁘게 하루하루를 보내고 있었고 내가 옆에 있어도 딸은 오로지 엄마 옆에만 찰싹 붙어 떨어질 생각을 하지 않았다. 자주 놀아주지 못한 탓에 윤영이의 정은 모두 엄마에게로 향하고 있었다. 저러다 유치원을 졸업하고 초등학교 들어가면 더하겠지 싶어서 아내와 의논 끝에 둘째가 태어난 지 몇 개월 후 육아휴직을 신청했다. 우리 회사는 전통적인 기계회사인데다 남성직원이 월등히 많아서 나는 영광스럽게도 육아휴직을 신청한 첫 남직원이 되었다. 나의 육아휴직에는 아이들을 돌본다는 이유 외에도 아내에게 경력 개발의 시간을 주기 위해서라는 이유가 하나 더 붙어 있었다. 육아와 살림에 조금 여유가 생긴 아내는 모처럼 몇 건의 작품을 의뢰 받아 대본을 집필하고 단행본 동화책을 쓰기도 했다. 모두(?) 나의 덕분이라고 자부한다.

13년 만에 잠시 쉬어가는 길목에서 만난 육아는 신세계였다. 우리는 부부가 동시에 해결해야 하는 과목인 청소, 빨래, 아이돌보기, 장보기, 돈 관리 등의 업무를 배분하는 것에서 시작해 닥치는 대로 일을 했다. 가끔 마트나 백화점에 아이들을 데리고 나오는 엄마들을 볼 때는 한가해서 좋겠다는 생각이 들었지만, 아내와 같이 살림을 해보니 1시간 외출하기 위해 집에서 얼마나 치열하게 준비해야 하는 지 몸소 체험할 수 있었다.

또 예전과 달리 아이들과 함께 하는 시간이 조금씩 늘어나자 이전에는 안보이던 것들도 보였다. 큰 딸아이가 내 주변을 빙빙 도는 건 함께 놀아달라는 뜻이고 갓 돌을 넘긴 둘째가 손을 잡아 끄는 것은 손을 잡고 원하는 대로 가자는 뜻이다. 둘째 놈이 책을 펼치고 '이거!'를 외치는 것은 책 내지 안에 그려진 트랙터의 이름을 알려달라는 의미다. 말 못하는 아이들의 욕구를 딱딱 맞추는 엄마들이 대단하다 생각했는데 아이들을 관찰해보니 내게도 그런 눈이 조금이나마 생긴 것 같아 뿌듯하다.

폭염이 기승을 부렸던 올해 여름, 집에 있는 걸 갑갑해 하는 아이들을 데리고 늘 어디론가 다녀야 했는데, 막상 집을 나서도 갈 곳이 없어 마트나 키즈카페를 자주 갔다. 그러다보니 노키즈존이 생기는 만큼 '아이들이 와서 즐겁게 놀만한 공공시설이 있으면 좋겠다.'는 생각도 했다.

공감능력이 필요한 직업이 뜬다

하루는 윤영이가 어떤 놀이를 좋아하는지 유심히 관찰했다. 회사에 다닐 때는 집에 오면 쉬고 싶은 생각에 함께 있는 시간동안에도 아이들과 신나게 놀지 못했다. 휴직을 한 후 가장 큰 변화라면 아이를 관찰하거나 같이 노는 시간이 현저히 늘어났다는 점이다. 한 번씩 혼자 놀다가 심심하다는 투정을 부리는 아이에게 책을 읽어주기도 한다. 어느 날인가는 본인이 내게 다시 책을 읽어줬다. 아직 완전히 한글을 읽을 줄 모르는 터라서 동화책에 나온 그림과 글자를 제 나름대로 섞어서 자기만의 이야기로 만드는데 꽤 재미있다. 윤영이의 경우 하루 종일 무언가 쫑알쫑알 거리며 이야기를 만들어내는 걸 즐기고 있다는 걸 알았다. 섣부른 아빠의 욕심일 런지 모르겠지만, 이야기를 좋아하는 딸아이가 나중에 커서 아내처럼 '스토리텔러'가 되지 않을까 내심 기대해 본다.

휴직동안에 누군가와 함께 많은 시간만 보낸다고 친밀해질 수는 없다는 걸 깨달았다. 중요한 건 함께 있는 동안 진심으로 상대가 원하는 것을 들어주면서 공감해야 한다는 사실이다. 진심이 담기지 않은 말투나 행동을 아이는 누구보다 금방 알아차렸다. 바쁘고 여유가 없던 시절, 아이들에게 무신경하게 의무적으로 대했던 날들을 반성했다. 아이의 감정, 마음을 보듬고 살펴봐줄 때 아이들은 마음의 문을 활짝 연다. 휴직동안 깨달은 소중한 교훈이다.

기계가 사람을 대체하는 세상에서도 사람과 정서적으로 교감하는 직업은 전망이 좋다. 단순히 기능적인 일을 넘어서 인간에게 필요한 서비스를 제공하며 뛰어난 공감능력이 필요한 직업들을 말한다. 예를 들어 간호사, 유치원교사, 육아종사자, 노인보호사 등이 그러하다.

나는 아이들과 함께 있으면서도 아이들 세계로 완전히 빠져들지 못했다. 하지만 짧은 시간이라도 금방 몰입해서 아이들과 함께 어울리는 아빠들이 있다는 걸 알았다. 그들은 공감능력이 뛰어난 사람들이다. 환자에게 필요한 의료서비스를 제공하는 걸 뛰어넘어 아픔을 함께 공감하고 위로해줄 수 있는 간호사, 상대방과 친분을 쌓아가며 설득하고 협상해서 원하는 결과를 만들어내는 세일즈맨, 직장인들의 심리와 니즈를 파악해 현재의 문제를 진단하고 코칭 해주는 인사전문가, 아이들의 마음을 읽고 필요한 지식을 가르치는 유치원, 어린이집 선생님과 같이 사람과 관련된 비즈니스 직업군은 미래가 밝다.

이 같은 직업은 기본적으로 평균 이상의 공감능력을 갖추고 있어야 한다. 그렇지 않으면 본인도 상대방도 금세 힘이 빠진다. 기능적인 영역을 넘어 상대와 교감하며 무엇을 원하는지 욕구를 읽어내는 일은 오직 사람만이 할 수 있다. 게다가 뛰어난 공감과 커뮤니케이션 능력이 요구되는 직업을 수행하기 위해서는 올바른 인성을 갖춰야 한다.

인공지능이 모든 과정을 효율적으로 향상시킨다고 해도 비즈니스의 중심에는 사람이 있다. 먼저 사람의 마음을 이해하고 욕구를 읽어 내야만이 어떤 제품을 만들지도 결정할 수 있다. 상대가 원하는 게 무엇인지 이야기를 잘 듣고 진심을 주고 받을 수 있어야 한다. 아이들과 놀면서 시작된 관찰을 통해 사람과 교감하며 서비스를 제공하는 일의 전망은 밝을 것이란 확신이 들었다. 공감능력이 뛰어날수록 하는 일에서 좋은 성과를 만들 수 있다. 인공지능과 관련된 비즈니스도 마찬가지다. 기술로 제공할 수 있는 서비스는 쉽다. 하지만 사람의 마음을 사로잡는 서비스를 기계가 대신할 수 있을까. 올바른 인성을 가진 어른으로 자라난다면 감성적 서비스를 제공하는 직종에서 두각을 나타낼 수 있을 것이다.

지금부터라도 '인성이 인생을 리드한다.'는 생각으로 아이들의 인성에 좀 더 관심을 가져보자.

4. 이제는 진짜 '학력(學力)'을 키워라

대한민국은 학력(學歷)사회였다. 과거형을 쓴 이유는 학벌시대가 점점 깨지길 희망해서이다. 하지만 현실세계에서 학벌은 더 중요해질 거 같다. 대학도 승자독식시장이어서 상위권 대학으로의 진학열망은 계속될 것이다. 학벌이 사회생활을 하기 위한 최소한의 안전판이라는 생각이 부모들의 머릿속에서 떠나질 않기 때문이다.

학벌의 힘은 과거보다 약해지고 있다. 그동안 한국에서는 교육을 통해 얻은 지식·능력을 나타내는 '학력(學力)'보다 출신학교 간판인 '학력(學歷)'이 더 중요하게 여겨졌다. 학력(學歷)이 좋다는 의미는 그 사람의 성실함과 책임감을 비롯해 여러 가지 능력을 보여주는 증거이기도 하다. 학력(學歷)이 높으면 성과도 그에 비례할까.

얼마 전 대기업에 다니는 지인을 만났다. 그는 학창시절부터 공부를 잘해 명문대를 거쳐 일류 대학원까지 나온 수재다. 그 역시 회사에 입사하기 전까지 세상이 그렇게 힘들지 않았다고 털어놓았다. 학교에서는 시험 잘보고 성적이 좋으니 부모와 친구들이 인정해 주었고 크게 힘들이지 않고 좋은 회사에 입사했기 때문이다. 회사에서도 그동안 공부를 통해 인정받은 것처럼 큰 문제없이 승승장구할 줄 알았다. 입사 후 몇 년까지는 그럭저럭 괜찮았다. 하지만 최근 몇 달 전부터 부쩍 힘에 부치고 방황하기 시작했다고 한다. 그동안 자신은 공부머리가 남들보다 조금 좋아 소위 공부로 잘 먹고 잘 살았는데 회사에 들어와 보니 공부만 잘해가지고는 살아남기 어렵다는 사실을 깨달았기 때문이란다. 게다가 직장 밖에서 자신이 살아남을 수 있는 역량이 없다는 걸 알게 되면서부터 우울감에서 벗어나기 힘들었다고 고백했다. 공부 이외에 리더십, 전문성, 대인관계, 문제해결능력, 협업, 외국어 등 수많은 역량이 필요한데 지금까지 쌓아온 지식으로는 한계에 부딪힌 거 같아 밤에 잠도 잘 오지 않는다고 말한다.

공부만 잘하는 사람이 편하게 지낼 수 있는 시대가 저물고 있다. 시험의 프레임에서는 공부 하나만으로 인정받을 수 있었지만 사회에 나오면 복잡계 속에서 자신의 진짜 무기를 개발해야 한다. 명문대 졸업생도 입사 하게 되면 새로 배우고 자기만의 학습방법을 발전시켜야 한다.

변화의 시기, 무엇보다 중요한 자기주도학습

공작기계 공장에서 겪은 일이다. 현장 기술사원들은 공작기계를 능숙하게 다룰 줄 안다. 그들은 고객이 필요한 스펙에 맞게 기계를 만들고 사전에 가공테스트도 진행한다. 하지만 생산을 지원하는 팀(생산기술, 생산, 품질 등)들은 기계가 생산과정에서 더 높은 품질수준과 공정 완성도를 높이기 위한 업무를 주로 담당하기 때문에 장비를 직접 다루는 일은 많지 않다. 하지만 팀원 중 한명이 직접 기계를 작동시키기 위해서 관련 공부를 시작했다. 현장 기술 사원만큼은 아니더라도 기계 오퍼레이팅 지식이 있다면 그들과 협업지점이 많아지고 업무에 재미도 생길 것이라 생각했기 때문이다. 다른 팀원들은 관리업무 위주로 일을 할 때 혼자 남아서 기계를 작동시켜보고 모르면 기술사원들에게 묻고 책을 찾아보며 몇 달 간 공부했다. 자격증 시험에 필요한 책도 읽고 이론과 실전을 익혀나갔다. 배우는 과정에서 실수도 있었지만 어느 순간부터 실력이 오르기 시작했다. 기술사원들이 모르는 영역까지 공부를 하면서 누군가를 가르치는 수준이 되었고 어떤 곳에 출장을 보내도 혼자 일을 처리할 수 있는 경지에 이르렀다. 그 친구가 학벌이 좋아서 이런 결과를 만들어 냈을까? 그가 성장할 수 있었던 밑바탕에는 자기주도 학습능력이 있었기에 가능하다고 본다. 주어진 관리업무만 하지 않고 실력을 높이기 위해 자신이 필요하고 부족한 지식을 스스로 배워 나가는 학습능력이야 말로 아이들이 갖춰야 될 중요한 역량이다.

기존 일자리가 없어지거나 새로운 일자리가 생기는 시작점에 우리는 서 있다. 변화의 시기에 무엇보다 중요한 능력은 과거의 낡은 지식을 버리고 새로운 지식을 받아들일 수 있는 자기주도학습능력이다. 제대로 학습해서 자신의 것으로 만들 줄 아는 학력(學力)이야 말로 4차 산업혁명시대 살아남을 수 있는 인재의 필수 조건이다.

스스로 학습 할 줄 아는 사람은 어떤 변화가 찾아와도 자신의 일과 직업을 스스로 찾을 수 있다. 그들은 어떤 지식이 필요하고 자신이 무엇을 모르는지 판단할 수 있는 메타인지가 높다. 복잡한 문제에 부딪히더라도 자기 주도 학습을 통해 문제를 해결한다.

여러분의 아이들은 환경에 떠밀려서 공부하고 있는가 아니면 본인들의 필요에 의해 자발적으로 학습하고 있는가. 후자에 조금 더 가깝길 바란다. 진짜 학력은 거기에서부터 시작된다.

5. 로봇에게는 없는 인간의 경쟁력

> "지금까지는 옆에 있는 친구보다 내가 더 잘하는 것을 골랐다면
> 앞으로는 기계가 못하는 것 중에서 직업을 고르거나 교육해야 합니다.
> 경쟁상대가 옆의 친구가 아니라 전혀 엉뚱하게도
> 24시간 일하고 지치지 않는 로봇이 될 거라는 뜻이죠."
> – 송길영(다음소프트 부사장)

한국고용정보원에서 직장인 1,012명을 대상으로 인공지능을
비롯한 4차 산업혁명 핵심기술 활용도에 대해 설문조사를 실시한
결과 인공지능, 드론, 3D프린터, 클라우드, 사물인터넷, 빅데이터,
자동화로봇, 가상현실 등 총 8가지 항목에서 지금 하는 일에서 가
장 많이 사용되는 기술 1, 2위는 클라우드 컴퓨팅, 인공지능을 꼽
았다.[17] 설문과 같이 직업세계에서 4차 산업혁명의 핵심기술들이
직장인들 업무 속에 활발히 이용되고 있다는 점을 알 수 있다.

인공지능은 모든 걸 집어삼킬 듯이 기하급수적으로 발전하고
있다. 그렇다면 로봇이 가질 수 없는 인간만의 고유한 역량은 무
엇일까. 어떤 일을 시작할 때 그 일을 누가 얼마나 잘해낼 수 있을
지 고민하겠지만 수익성과 효율성 측면에서 로봇과 인공지능을
배제할 수 없다. 심지어 작은 김밥 가게에서 조차도 김밥 싸는 기
계가 도입되고 있다. 인건비는 치솟는데 회전율이 좋은 김밥 집은
생산성이 핵심이다. 따라서 사람을 쓰는 것 보다 초기투자비용은
있지만 균일한 맛과 생산성 좋은 김밥 기계를 사용하는 가게가 생

---

17 한국고용정보원 〈4차 산업혁명의 핵심기술 활용정도〉 2018.1.31.

겨나지 않을 수 없다.

인간은 로봇을 활용하여 생산성을 높이면서 인간만이 할 수 있는 고유역량을 찾아서 개발해야 한다. 앞서 언급한 사례에서 알 수 있듯이 인공지능이 탑재된 로봇의 알고리즘, 논리력, 계산능력, 지식저장능력 등은 인간이 따라갈 수 없는 영역이다. 로봇이 훨씬 잘하는 분야다. 그렇다면 사람이 로봇보다 잘할 수 있는 일은 무엇일까. 어떤 역량이 사람 고유의 미래 경쟁력을 높일 수 있는지 살펴보자.

첫 번째는 창의력이다

하늘아래 새로운 건 없다. 모방과 혁신, 융합을 통해 지금까지 없는 새로운 것을 만드는 창의력은 인간만이 할 수 있는 영역이다. 창의력은 곧 경험의 연결이다. 인공지능도 뿔뿔이 흩어져 있는 공학기술을 융합하여 사람이 만들어낸 기계에 불과하다. 인공지능이 아무리 뛰어나다고 해도 인류에게 필요한 새로운 무언가를 만드는 능력은 사람을 따라올 수 없다. 인간은 다른 사람의 마음을 읽고 세상에 도움이 되는 발명품을 만들어 낼 수 있다. 기존에 나온 제품을 분해하고 섞으면서 또 다른 제품을 만들어 낼 수 있는 역량이 있다는 얘기다. 로봇은 인간의 창의력을 절대 따라올 수 없다. 로봇으로 인한 일자리 대체가 어려운 직종에 디자이너, 작가, 예술가, 개발자들이 포함된 이유도 바로 이 때문이다.

두 번째는 문제해결능력이다

우리는 매일 문제를 해결하며 살아간다. 많은 사람들이 하는 일의 대부분은 문제를 해결하는데 있다. 문제를 잘 풀기 위해서는 정확하게 문제를 정의하고 전체를 바라보며 원인을 깊이 따져 볼 수 있어야 한다. 원인이 몇 가지에 불과하다면 그다지 어려움을 느끼지 못한다 해도 수 십 개의 원인들이 얽혀 있는 문제라면 쉽게 풀기 어렵다. 하지만 인간은 복잡한 문제를 인과관계를 따져가면서 대안을 찾아나갈 수 있다. 로봇은 주어진 빅데이터를 통해 부분적인 답을 도출할 수 있다면, 인간은 연관관계를 찾아내고 그 속에서 문제를 해결하는 답을 만들어 낼 수 있다.

세 번째는 협업능력이다

각 분야별로 전문가는 넘쳐난다. 자신의 분야에서 수십 년간 경험과 지식, 노하우를 축적한 전문가들은 우리주변에서 쉽게 찾아볼 수 있다. 한 가지 문제를 풀기 위해서는 여러 분야의 전문가들이 필요하다. 혼자서 할 수 있는 일은 많지 않다. 다른 분야 전문가들의 도움을 받아야 한다. 나의 전문성을 제공하고 다른 사람의 전문성을 빌려야 한다. 이 과정에서 가장 필요한 역량은 협업능력이다. 종합병원에서는 환자 한명의 병명진단과 수술방법을 논의할 때 다른 전공의 의사들이 회의체에 참여하여 의견을 나누고 토론을 통해 환자에게 가장 적합한 수술을 결정한다. 회사에서도 마찬가지다. 나에게 할당된 업무는 잘할 수 있지만 다른 팀의 도움을 받아내는 능력은 더 중요하다.

로봇은 분업화된 기능적 역할 수행에는 적합하지만 경계를 넘어서 다른 영역과 협업해 시너지를 만들어 내는 능력은 사람을 따라 올 수 없다. 아이들이 자라면서 자신의 능력을 공유하고 다른 아이들의 역량을 활용하여 협업능력을 키워준다면 미래사회에 복잡한 문제를 현명하게 풀어나갈 것이다.

위에 제시된 역량은 어떤 분야에서 일을 하든지 탁월한 성과를 내기 위해 꼭 필요한 기초체력이다. 하루아침에 단련되지 않는다. 혼자서 생각하고 시행착오도 겪어보며 실제 벌어진 문제를 스스로 해결하는 과정에서 성장하는 자신을 발견할 것이다.

6. 지식보다 중요한 능력

"최종 승자는 엑소브레인입니다."

내 몸 밖에 있는 인공두뇌라는 뜻의 엑소브레인(Exobrain)은 언어 인공지능 프로그램이다. 2016년 장학퀴즈라는 퀴즈 프로그램에서 엑소브레인과 시즌 1과 2에서 우승을 차지한 학생들이 퀴즈 대결을 펼쳤다. 엑소브레인은 대결 초반 학습하지 않은 분야의 문제에서는 틀린 답을 내기도 했지만 차근차근 정답을 맞히면서 참가자들을 앞서나갔다. 결국 600점 만점 중 510점을 획득해 2등과의 점수 차를 160점까지 벌리고 대결에서 승리한다. 엑소브레인은 지금까지 백과사전과 일반상식 등 12만 권 분량의 지식을 학습했고, 여러 개 문장으로 구성된 질문을 이해하고 정답을 추론하는 기술이 가능하다고 한다. 더 놀라운 점은 엑소브레인이 책 12만 권 분량의 지식을 바탕으로 스스로 질문의 문맥을 이해하고 정답을 도출해 내는 시간이 10초에 불과하다는 점이다. [18]

> "인공지능 로봇과의 대결을 통해 제가 어렸을 적부터 끊임
> 없이 공부하며 축적한 지식이 인공지능이 한 방에 무너지

---

18 중앙일보 〈토종 AI 엑소브레인 장학퀴즈 압승…IBM 왓슨보다 똑똑〉 2016. 11. 21.

는 것 같은 허무한 기분을 느꼈어요. 미래의 경쟁상대는 같
은 반, 같은 학교 친구들이 아닌 인공지능이라는 생각에 명
문대에 입학했지만 앞으로 무슨 일을 하며 뭐 먹고 살지에
대한 고민이 깊어집니다."19

   퀴즈대회에 참가했던 한 학생의 말이다. 60년 역사를 자랑하
는 인공지능 개발은 인간과의 지능경쟁에서 밀리지 않도록 거듭
발전하고 있다. 아이들이 학교에 가는 목적 중 하나는 지식습득
이다. 과거의 지식이든 최신 지식이든 모르는 상태에서 새로운 걸
채우는 작업은 필요하다. 하지만 인터넷을 통해 세상 모든 지식을
검색하고 찾을 수 있고 어떤 문제에 대한 솔루션까지 인공지능이
척척 만들어 낸다면 학교는 어떤 역할을 해야 할까. 물론 인터넷
에 저장된 지식이 내 것은 아니지만 이 질문에 대해 학교는 적절한
해법을 내놓아야 할 것이다. 학교는 지식을 가르치는 차원을 넘어
복잡한 문제를 해결하고 협업할 수 있는 능력까지도 가르쳐야 한
다.
   하버드대 교수이자 《지식의 반감기》 저자인 새뮤얼 아브스만
(Samuel Arbesman)은 조금만 지나면 낡아 버릴 지식을 암기하려 너
무 애쓰지 말고 인터넷 검색 엔진을 가동하는 편이 낫다고 이야기
한다. 몇 년 전 파리의 한 병원 연구팀이 분석한 결과 간경변과 간
염에 관한 지식은 45년이 지나면 절반이 오류로 증명되거나 낡은
지식으로 변했고, 2008년 정보과학자 롱 탕은 여러 분야 학술서를

분석해 물리학의 반감기(13.07년)가 경제학(9.38년)이나 심리학(7.15
년)보다 길다고 밝혔다.[20]

구직자에게 인기가 높은 덴마크의 한 건축회사는 직원 면접을
볼 때 학벌을 비롯한 객관적인 지표는 관심을 두지 않는다. 인터
뷰 내내 지원자에게 던지는 질문은 그가 어떤 결과물을 만들어 낼
수 있는지, 회사의 비전과 면접자의 가치관이 어느 정도 일치가 되
는지, 보유하고 있는 역량이 무엇이며 그 역량을 증명할 수 있는
결과물에 관한 내용이다. 즉 과거에 얻었던 화려한 경력과 학벌
보다는 실무적으로 회사에서 어떤 결과물을 만들어 낼 수 있는지
가 채용과정에서 제일 중요한 요소라고 전한다.[21]

지금 직장에 다니는 30~50대 직장인들은 취업 준비를 위해 자
신의 과거를 증명하는 지표인 학교, 학점, 어학점수를 체계적으로
준비해서 취업에 성공했다. 미래에도 그럴까. 스펙이 전혀 중요하
지 않다는 의미는 아니다. 하지만 인공지능시대는 기계가 못하는
인간만의 고유한 역량으로 탁월한 결과물을 만들어 낼 수 있는지
가 가장 중요한 요소가 되어 가고 있다. 그것이 진짜 실력이다. 과
거에 쌓았던 배경과 스펙보다 목적에 맞는 성과를 얼마나 잘 만들
수 있느냐가 진짜 인재를 구분하는 기준이 되었다. 경력 한 줄을
채우는 단편적인 스펙 쌓기보다 문제를 해결하거나 결과물을 만
드는 역량을 키워야 하는 이유다.

---

20 매일경제 〈지식의 반감기…조금만 지나면 낡아버릴 지식〉 2014.10.13.
21 tVN 〈행복난민 덴마크 편〉 2017.10.29.

7. 인공지능은 인류를 구할 슈퍼맨인가

간단한 인터넷 검색만으로도 인공지능과 4차 산업혁명의 사례들을 찾아볼 수 있다. 자고 일어나면 새로운 기술이 나온다. 얼마 전에는 김밥 집에도 김밥을 만드는 기계도 신문에 소개되었다. 그렇다면 인공지능은 우리가 꿈꾸는 모든 걸 가능하게 만드는 슈퍼맨일까. 나는 이 질문에 대한 답을 찾기 위해 몇 가지 사례를 찾아봤다.

의료계분야다. 몇 년 전 도쿄의대병원에 60세 여성 환자가 빈혈 증세로 입원했다. 검사 후 의사들은 백혈병으로 진단하고 세부 유형은 비교적 흔한 '급성 골수성'으로 판단하였다. 하지만 진단에 맞는 항암제를 사용했지만 회복되지 않았다. 다른 방법을 찾기 위해 IBM 인공지능 왓슨(Watson)에게 물었다. 왓슨은 수천 개의 환자 유전자 특성과 2,000만개 논문을 비교 분석하더니 희귀한 유형의 백혈병이라는 진단을 내렸다. 의사들이 2주 정도 소요될 일을 왓슨은 10분 만에 처리했다. 결론적으로 골수성이 아니었고 왓슨은 이렇게 환자를 구했다.

IBM에서 개발한 인공지능 왓슨(Watson)은 수십만 명의 환자 정보와 1,500만 쪽에 달하는 의학 자료를 습득하고, 밤낮으로 쉬지 않고 지금도 최신 의학정보를 공부하는 기계의사다. 닥터 왓슨은 미국 유명 암센터 전문의가 진료한 1,000명의 환자 기록을 분석해

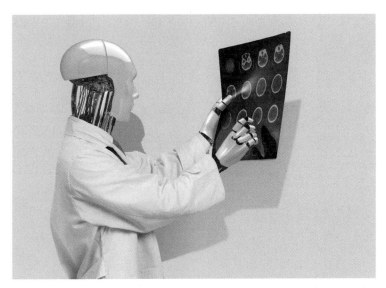

인공지능 의사 왓슨은 수십만 명의 환자 정보와 1,500만 쪽에 달하는 의학 자료를 습득하고 밤낮으로 쉬지 않고 최신 의학정보를 공부하는 기계의사다.

30%의 환자에서 의사들이 놓친 치료방법도 찾아냈다.

2017년 한 해 4차 산업혁명에 관해 뜨거운 관심을 받은 분야는 인공지능 왓슨 의사의 도입이다. 그만큼 의료시장에서 인공지능을 활용한 질병치료에 획기적인 혁신을 기대하고 있다는 말이다. 그 이후 국내 대형병원 여러 곳에서도 왓슨을 도입했다. 한국에 도입된 인공지능 왓슨의 성적표는 어떨까. 결론은 '기대만큼의 성과는 없었다.'는 것이다.

왓슨은 전 세계 수백여 종의 암 저널과 의학 교과서 등 전문 자료를 실시간으로 검색해 특정 환자에 대한 치료법을 제시한다. 왓슨을 개발한 IBM은 왓슨과 메모리얼 슬로언 케터링 암센터 의료진 간의 의견 일치율이 대장암 98%, 직장암 96%, 방광암 91%, 난소암 95%, 자궁경부암 100%라고 소개했다.

반면에 왓슨을 도입한 국내의 한 병원에서는 대장암 환자 118명에 대해 왓슨이 '추천'한 치료법과 의료진 의견이 불과 55.9% 라는 결과를 발표했다. 도입 당시 일치율 48.9%에 비해 7% 포인트 높아졌지만 케터링 암센터에서의 일치율이 모두 90%이상 인 것과 비교해보면 상당히 낮은 수치다.[22]

식품의약품안전처도 '빅데이터 및 인공지능 기술이 적용된 의료기기의 허가·심사 가이드라인'에서 왓슨을 의료기기로 분류하지 않았다. 즉 정확성과 안전성, 유효성 입증이 필요한 의료기기로 본 것이다. 단순히 '의학 저널을 검색하고 요약하는 기계' 수준

---

22 조선일보 〈암 환자 기대 모은 왓슨, 생각보다 똑똑하지 않다〉 2018.1.11.

으로 인정했다는 의미다.23

인공지능의 실제 적용모델인 왓슨의사에 대해 다른 관점으로 바라볼 필요가 있다. 왓슨의사는 진화하고 있지만 모든 질병을 해결할 완벽한 의사인지 여부는 좀 더 지켜볼 일이다.

자율주행차는 어떨까. 무인자동차 시대가 열린다는 소식과 함께 자동차 회사들은 너나 할 것 없이 자율주행차 시장에 뛰어들고 있다. 이미 대중화를 목표로 테스트 중인 곳도 있다.

얼마 전 미국 애리조나주 피닉스 인근에서 주행 중이던 우버의 자율주행 차량이 횡단보도 바깥쪽을 걸어가던 사람을 치여 숨지게 한 사건이 있었다. 사고 차량은 자율주행모드로 주행 중이었으며 운전석에는 운전자도 탑승하고 있었지만, 사고를 막을 수는 없었다. 소중한 사람들과 자율주행기능을 가진 차를 타고 간다면 완벽하게 자율주행을 신뢰할 수 있을까. 개인적으로는 아직까지 완전한 기술적 단계에 이르렀다는 확신이 없다. 차라리 내가 직접 운전 하는 게 마음 편할지 모른다. 하지만 이러한 시행착오를 통해 자율주행기능은 점차 발전할 것이다.

결과는 시간이 지나봐야 알겠지만 건강과 안전을 인공지능에게 100% 맡기고 도움을 받기까지 좀 더 시간이 필요해 보인다. 인공지능이 응용된 기술의 안정화를 차분하게 지켜보는 것도 급변하는 상황을 즐기는 또 하나의 방식이 될 것이다.

---

23 헬스조선 〈의료 인공지능 왓슨이 멍청하다?〉 2018. 1. 26.

참고자료

1. 도서

조영태 《정해진 미래》 북스톤, 2016. 9. 30.

제프 콜빈 《재능은 어떻게 단련되는가?》 부키, 2010. 8. 18.

조연심 《나를 증명하라》 프레너미, 2017. 7. 25.

김혜양 외 7인 《4차산업혁명 시대 내 자리는 안전한가!》 틔움출판, 2018. 6. 12.

로드트립네이션 《로드맵》 이유출판, 2016. 11. 21.

국동원, 이혜강 《유튜브로 돈벌기》 길벗, 2016. 8. 31.

이범 《나의 직업 우리의 미래》 창비, 2018. 5. 11.

명견만리 제작팀 《명견만리》 인플루엔셜, 2016. 9. 19.

정권택 외 《인재경영을 바라보는 두 시선》 삼성경제연구소, 2015. 10. 19.

임재성 《네가 진짜로 원하는 인생을 살아》 평단, 2016. 2. 5.

윤태성 《한번은 원하는 인생을 살아라》 다산북스, 2015. 1. 15.

선대인 《일의 미래, 무엇이 바뀌고 무엇이 오는가》 인플루엔셜, 2017. 3. 13

살림이스마일, 마이클 말론, 유리 반 헤이스트 《기하급수 시대가 온다》 청림출판, 2016. 9. 23.

김호 《쿨하게 생존하라》 모멘텀, 2014. 12. 8.

애덤그랜트 《오리지널스》 한국경제신문사, 2016. 2. 2.

윤소정 《인문학 습관》 다산초당, 2015. 10. 10.

정용선 《아빠도 아빠가 처음이라서》 씽크스마트, 2017. 4. 3.

캐럴라인 웹 《무엇이 그들을 최고로 만들었을까》 토네이도, 2016. 7. 25.

김성준 《인재경영, 데이터사이언스를 만나다》 클라우드나인, 2018. 7. 2.

로먼 크르즈나릭 《인생학교》 쌤앤파커스, 2013. 1. 11.

러셀로버츠 《내안에서 나를 만드는 것들》 세계사, 2015. 10. 27.

박순서 《공부하는 기계들이 온다》 북스톤, 2016. 8. 31.

이혜정 《서울대에서는 누가 A+를 받는가?》 다산에듀, 2014. 10. 24.

이정원 《창직이 미래다》 해드림출판사, 2015. 7. 31.

테일러 피어슨 《직업의 종말》 부키, 2017. 9. 22.

나카고시 히로시《좋아하는 일만 하며 재미있게 살 수 있을까?》아날로그, 2017.5.5.

박웅현《여덟단어》북하우스, 2013.5.20.

문석현《미래가 원하는 아이》메디치미디어, 2017.11.15.

김난도 외《트랜드 코리아 2018》미래의창, 2017.10.30.

정학경《내 아이의 미래력》라이팅하우스, 2017.8.30.

최현식《2030인재의 대이동》김영사, 2016.11.18.

이채욱《내 아이와 로봇의 일자리 경쟁》매경출판, 2018.1.3.

윤석만《인간혁명의 시대》가디언, 2018.6.8.

진노 켄키《인공지능시대 우리아이 키우는 법》한스미디어, 2018.1.10.

클라우드 슈밥 외《4차 산업혁명의 충격》흐름출판, 2016.7.15.

팀 던럽《노동없는 미래》비즈니스맵, 2016.12.23.

조동연 외《빅피처 2017》생각정원, 2016.11.9.

마틴포드《로봇의 부상》세종서적, 2016.3.23.

김도윤, 제갈현열《인사담당자 100명의 비밀녹취록》한빛비즈, 2017.2.17.

러셀 로버츠《내 안에서 나를 만드는 것들》세계사, 2015.10.27

리처드 서스킨드, 대니얼 서스킨드《전문직의 미래》와이즈베리, 2016.12.7.

2. 방송·강연

KBS 명견만리〈일자리가 사라진다 1부. 풍요의 역설〉2015.7.23.

EBS 다큐프라임 교육대혁명 2부〈AI와 인간의 공존은 가능한가?〉2017.9.19.

JTBC 뉴스룸〈커지는 '인공지능'에 대한 공포, 사실은…〉2016.3.10.

토마스 프레이〈4차 산업혁명과 미래〉2017.9.

EBS 다큐프라임〈왜, 우리는 대학에 가는가〉2015.3.2.

EBS 신년 대기획〈교육의 미래〉2018.2.4.

SBS스페셜〈내 아이가 살아갈 로봇세상〉2018.1.

EBS 다큐프라임〈시험〉2015.12.

tVN〈행복난민 덴마크편〉2017.10.13.

3. 신문 · 사이트 · 보고서

머니투데이 〈'일자리 뺏는 로봇' 현실로… 아마존 연말채용 첫 감소〉
　　2018. 11. 7.

중앙일보 〈축구장 18배 BMW 전기차 공장, 직원은 50명〉 2018. 10. 1.

서울경제 〈변화의 속도는 점점 더 빨라지고 있다〉 2017. 12. 6.

경향비즈 〈생산성 치솟는데 고용은 제자리…청년 '악어 입'에 갇히다〉
　　2017. 3. 28.

리처드 서스킨드, 대니얼 서스킨드 〈전문직의 미래〉 2016. 12. 7.

삼성전기 블로그 〈AI 로봇의 이색일터〉 2017. 4. 13.

조선일보 〈왓슨 쇼크… 10년 뒤 우리 동네 약사님은 로봇?〉 2017. 1. 16.

Carl Frey, Michael Osborne 〈the future of employment〉 2013.

토마스 프레이 〈세계적인 미래학자 토마스 프레이가 예측한 미래직업
　　Top5〉 2016. 12. 12.

우전연구소 〈새 시대 인공지능 발전 계획 통지〉 2017.

디지털타임즈 〈153조→4366조원…매년 36% '고속성장'〉 2016. 3. 11.

뉴스민 〈사람이 사라지는 기술의 시대〉 2017. 9. 20.

머니투데이 〈카뱅·케뱅효과 인터넷뱅킹 대출 일평균 1800억 원 역대최대〉
　　2017. 11. 22.

중앙일보 〈씨티은행, 연내 지점 25개로 통폐합 … 비대면 거래 늘려 디지
　　털 환경 대응〉 2017. 6. 16.

동아일보 〈사물인터넷 실증사업 참여 이큐브랩, 폐기물 처리 솔루션〉
　　2017. 11. 9.

CIOKOREA 〈보잉, 3D 프린터 활용 더 늘린다…"항공기당 300만 달러 생
　　산비 절감"〉 2017. 4. 12.

econovil. com 〈'로봇이 기사를 쓰다' 로봇저널리즘, 미디어 혁신은 무리일
　　까〉 2016. 1. 22.

조선일보 〈인공지능이 사람 뽑는 시대 왔다〉 2017. 8. 17.

아시아 경제 〈코멘토 "AI 취업도우미로 서류합격률 3배 높였죠"〉
　　2018. 9. 17.

중앙시사매거진 〈"주목받는 일본 협동로봇" 사람과 함께 설거지하고 호텔
　　체크인 도와〉 2017. 8. 14.

비즈니스와치 〈[AI와 일자리]②신기한 무인점포 미래엔 일상〉 2017. 9. 17.

한국과학기술기획평가원 〈물리학과 첨단기술〉 2014.

서울경제 〈뒷걸음질 치는 융합·창의 인재 양성〉 2017.11.

노컷뉴스 〈드론 자격증이 허망한 인텔 '슈팅스타' 쇼크〉 2018.2.14.

이투데이 〈성큼 다가온 자율주행차 시대…스타트업, 트럭으로 미 대륙 횡
단 성공〉 2018.2.7.

국제뉴스 〈전재수 의원 '전문대 유턴입학' 5년간 지속적 ↑〉 2016.9.23.

중앙일보 〈26세 UNIST 졸업생, '연봉 3억' 실리콘밸리서 모셔간다〉
2018.8.27.

DAUM 1boon 〈회사에 충성하겠다 말하면 바로 탈락한다는 이 회사는?〉
2018.1.3.

비즈한국 〈"모두가 특별한 대학 꿈꿔요" 최성호 큐니버시티 총장 인터뷰〉
2018.2.28.

한국학술정보 〈교육관련 국제기구 지식정보원〉 2011.6.17.

뉴시스 〈1시간에 볶음밥 60인분, 초밥 4800개 뚝딱〉 2017.10.16.

조선일보 〈인공지능 활용 법률 서비스 '헬프미' 대표 박효연 변호사〉
2017.12.

송길영 〈다음소프트 송길영 부사장 '삼성입사가 꿈? 꿈 깨세요. 당장'〉
2017.1.10.

김윤이 외 〈빅픽처 2017 4산업혁명과 고립주의의 역설〉 2016.11.4.

뉴시스 〈초등교사 '임용절벽'…임용준비생들 '멘붕'〉 2017.8.17.

한겨레 〈한국, 로봇밀도 7년째 세계 1위〉 2018.2.9.

뉴시스 〈기본소득이 뭐길래…세계는 실험 중〉 2017.11.15.

경향신문 〈집 속의 집에 왜 스티브 잡스가 떠오를까〉 2012.6.1.

헤럴드POP 〈'의사 꿈 접고 요리사로' 노보텔 앰배서더 강남 이상민 셰프〉
2010.8.24.

한국고용정보 〈4차 산업혁명의 핵심기술 활용정도〉

중앙일보 〈AI 엑소브레인 장학퀴즈 압승…IBM 왓슨보다 똑똑〉
2016.11.21.

매일경제 〈지식의 반감기…조금만 지나면 낡아버릴 지식〉 2014.10.13.

조선일보 〈암 환자 기대 모은 왓슨, 생각보다 똑똑하지 않다〉 2018.1.10.

헬스조선 〈의료 인공지능 왓슨이 멍청하다?〉 2018.1.26.

연합뉴스 〈경기도 '자율주행버스' 내달 시범운영 들어간다〉 2018.08.21.

4차 산업혁명이 바꾸는 직업의 미래

인공지능시대 우리아이 뭐 먹고 살지?

초판 1쇄 인쇄 2018년 12월 10일
초판 1쇄 발행 2018년 12월 20일

지은이_ 최창기
펴낸이_ 손상민

디자인_ 공간42
인쇄·제본_ 넥스트프린팅
펴낸 곳_ 나무와바다
출판신고_ 567-2017-000024(2017년 11월 24일)
주소_ 창원시 성산구 동산로 186번길 7
이메일_ sonsangmin@gmail.com
홈페이지_ www.m.post.naver.com/sson4

이 도서는 대구출판산업지원센터 2018년 지역 우수출판콘텐츠 제작 지원 사업 선정작입니다.